LES CATASTROPHES ET L'INTERDISCIPLINARITÉ

COLLECTION

« Investigations d'anthropologie prospective »

Déjà parus :

1. Julie HERMESSE, Michael SINGLETON et Anne-Marie VUILLEMENOT (dir.), ***Implications et explorations éthiques en anthropologie***, 2011.
2. Kali ARGYRIADIS, Stefania CAPONE, Renée DE LA TORRE et André MARY (dir.), ***Religions transnationales des Suds. Afrique, Europe, Amériques***, 2012.
3. Pierre-Joseph LAURENT, Charlotte BRÉDA et Marie DERIDDER (dir.), ***La modernité insécurisée. Anthropologie des conséquences de la mondialisation***, 2012.
4. Jorge P. Santiago et Maria Rougeon (dir.), ***Pratiques religieuses afro-américaines. Terrains et expériences sensibles,*** 2013.
5. Nathalie BURNAY, Servet ERTUL et Jean-Philippe MELCHIOR (dir.), ***Parcours sociaux et nouveaux desseins temporels***, 2013.
6. Valéry RIDDE et Jean-Pierre JACOB (dir.), ***Les indigents et les politiques de santé en Afrique. Expériences et enjeux conceptuels***, 2013.
7. Pascale JAMOULLE (dir.), ***Passeurs de mondes. Praticiens-chercheurs dans les lieux d'exils***, 2014.
8. Jacinthe MAZZOCCHETTI (dir.), ***Migrations subsahariennes et condition noire en Belgique. À la croisée des regards***, 2014.
9. Julie HERMESSE, Charlotte PLAIDEAU et Olivier SERVAIS (dir.), ***Dynamiques contemporaines des pentecôtismes***, 2014.
10. Charlotte BREDA, Mélanie CHAPLIER, Julie HERMESSE et Emmanuelle PICCOLLI (dir.), ***Terres (dés)humanisées : Ressources et climat***, 2014.
11. Elisabeth DEFREYNE, Gazaleh HAGDAD MOFRAD, Silvia MESTURINI et Anne-Marie VUILLEMENOT (dir.), ***Intimité et réflexivité. Itinérances d'anthropologues***, 2015.
12. Jacinthe MAZZOCHETTI, Olivier SERVAIS, Tom BOELLSTORFF et Bill MAURER (dir.), ***Humanités réticulaires. Nouvelles technologies, altérités et pratiques ethnographiques en contextes globalisés***, 2015.
13. Alice ATERIANUS-OWANGA, Maixant MEBIAME-ZOMO et Joseph TONDA (dir.), ***La violence de la vie quotidienne à Libreville***, 2016.
14. Andrea CERIANA MAYNERI (dir.), ***Entre errances et silences. Etnographier des souffrances et des violences ordinaires***, 2017.

INVESTIGATIONS D'ANTHROPOLOGIE PROSPECTIVE n° 15

LES CATASTROPHES ET L'INTERDISCIPLINARITÉ

Dialogues, regards croisés, pratiques

Virginia **García-Acosta** et
Alain **Musset** (dir.)

Photo de couverture : © *Le tremblement de terre de Managua,* 1972. Peinture murale du Palacio de la Cultura de Managua, Nicaragua. Crédit photographique : Alain Musset

D/2017/4910/51 ISBN : 978-2-8061-0367-3

Grand'Place, 29
B-1348 Louvain-la-Neuve

---

www.editions-academia.be

Introduction Les catastrophes au risque de l'interdisciplinarité

Virginia García-Acosta et Alain Musset

Cuando el saber se especializa, crece el volumen total de la cultura. Ésta es la ilusión y el consuelo de los especialistas. ¡Lo que sabemos entre todos! ¡Oh, eso es lo que no sabe nadie![1]

Antonio Machado

Depuis plusieurs décennies, différentes disciplines des sciences sociales s'intéressent à l'étude théorique et méthodologique des risques et des catastrophes. Les progrès accomplis à ce jour montrent qu'un dialogue interdisciplinaire est nécessaire pour travailler sur ces thématiques. En croisant des perspectives variées fondées sur des études de cas spécifiques, principalement en Amérique latine, cet ouvrage a pour objectif d'illustrer et de mettre en valeur la richesse de ces échanges. Il a pour origine un séminaire spécialisé, fruit d'une longue relation scientifique entre

1. « Quand le savoir se spécialise, le volume total de la culture s'accroît. C'est l'illusion et la consolation des spécialistes. Ce que nous savons entre nous tous ? Oh, c'est ce que personne ne sait ! » (Machado, 1940, traduction des auteur-e-s).

une anthropologue/historienne, Virginia García-Acosta (CIESAS, Mexico), un géographe/historien (Alain Musset, EHESS, Paris) et une anthropologue/politiste Sandrine Revet (CERI-Sciences Po, Paris), qui a eu lieu au cours du premier semestre de l'année 2015 à l'École des hautes études en sciences sociales.

Ce projet collectif a réuni des collègues venant de différents pays, représentants des disciplines variées et membres de plusieurs écoles de pensée. Leur intérêt commun était d'engager une réflexion approfondie sur les catastrophes, le risque, la vulnérabilité, sur l'origine et les manifestations des désastres, sur leurs effets et leurs conséquences. Il s'agissait pour tous les participants de mieux connaître les stratégies mises en place par les communautés en situation de risque, de faire des propositions sur la prévention des catastrophes, d'augmenter la résilience des populations potentiellement impactées. L'objectif était aussi de voir comment l'élaboration de connaissances scientifiques pouvait alimenter les politiques publiques destinées à limiter l'ampleur des désastres.

Le titre du séminaire était différent de celui choisi pour cette publication : *Dialogues et discours croisés : les catastrophes et l'interdisciplinarité*. En replaçant les catastrophes et l'interdisciplinarité en première position, nous avons voulu montrer que le sujet même de l'étude imposait une démarche particulière, fondée sur le dialogue entre les disciplines, les regards croisés sur des terrains, des notions et des objets, ainsi que sur les pratiques spécifiques de l'enquête. C'est le choix de ce cadre méthodologique, destiné à nous affranchir des frontières disciplinaires, qui a permis de faire participer des chercheurs venus de différents horizons. Anthropologues, économistes, ethno-historiens, géographes, historiens, politologues et sociologues ont ainsi partagé leurs expériences de terrain ou d'archives, à partir de thèmes aussi divers que l'étude historique des catastrophes, les définitions sociales du risque dans des communautés urbaines et rurales, la gestion nationale et internationale des crises, les limites des modèles liés à la prévention des désastres ou la comparaison entre les désastres dits « naturels » (caractérisés par leur brutalité) et ceux provoqués, de manière plus insidieuse, par le changement climatique.

L'exercice n'a pas toujours été facile car il a fallu non seulement accorder les perspectives intellectuelles de chacune des disciplines représentées, mais aussi réfléchir sur l'usage des mots et des notions qui peuvent varier dans le temps (en suivant l'évolution des systèmes de pensée) et selon les cultures scientifiques propres à chaque tradition nationale ou à chaque institution. C'est pourquoi, malgré le besoin ressenti de s'affranchir des barrières disciplinaires, travailler sans le confort de nos certitudes et de nos grilles habituelles de lecture est aussi une prise de risque.

En effet, les auteurs des chapitres qui composent l'ouvrage viennent de différents établissements de recherche. Pour la plupart, il s'agit d'établissements français (CNRS, EHESS, EPHE, LAM-CNRS, LATTS, SET, Universités Jean Monnet, de Rennes et de Savoie), mais il y a aussi des institutions européennes (Universités de Lausanne et de Naples « Federico II ») et latino-américaines (CIESAS, Mexique et IFEA, Pérou). Tous les participants du séminaire de l'EHESS n'ont pas pu se rencontrer physiquement au cours des séances organisées à Paris, mais ce livre leur permet de poursuivre une conversation collective à laquelle ils ont parfois participé à distance ou de manière indirecte. De la même manière, pour des raisons pratiques, toutes les contributions ne sont pas ici représentées (par exemple celle de notre collègue de l'Université catholique de Louvain), mais le dialogue pourra se poursuivre au sein d'un groupe international de recherche qui est l'un des produits de nos rencontres : le réseau thématique d'études interdisciplinaires sur la vulnérabilité, la construction sociale du risque et les menaces naturelles et biologiques, soutenu par le Conseil national de la science et de la technologie mexicain (CONACYT)[2]. Nos objectifs sont de créer une communauté globale de recherche interdisciplinaire sur les risques, les catastrophes et la résilience, de promouvoir le dialogue entre spécialistes en Europe et en Amérique et de sensibiliser le public sur le rôle que peuvent jouer les sciences sociales pour mieux comprendre les impacts sur nos

2. http://www.sociedadyriesgo.red. Un effort similaire, impliquant des spécialistes des géosciences, est en cours avec un soutien du Conseil britannique des arts et humanités (AHRC). Il s'agit du réseau Risque, aléas, catastrophes et cultures : http://www.bristol.ac.uk/cabot/research/research-centres/rhdc/.

sociétés des risques dits naturels, mais aussi biologiques et technologiques, en les considérant comme des systèmes complexes qui ne peuvent pas se limiter à une seule interprétation.

L'interdisciplinarité est au centre de notre propos. Mais il ne suffit pas, comme l'avait dit Charles de Gaulle en son temps pour caricaturer les admirateurs béats de l'Union européenne, de sauter sur sa chaise comme un cabri en criant « l'interdisciplinarité !, l'interdisciplinarité ! », en croyant qu'elle se fera toute seule, de manière naturelle et pacifiée. Il est vrai que l'interdisciplinarité est à la mode est qu'elle est même ouvertement revendiquée et recommandée par toutes les autorités universitaires, même si la réalité des pratiques scientifiques, politiques et académiques prouve que les frontières disciplinaires sont toujours aussi fortes – aussi bien dans le domaine des recrutements que dans celui de la définition des objets d'étude et des méthodes qui les accompagnent.

Notre objectif est bien différent puisque le champ d'étude des catastrophes – autant que les propositions théoriques et méthodologiques qui lui correspondent, réclame avec toujours plus de force la combinaison des enseignements apportés par les différentes disciplines des sciences sociales (sans oublier les sciences de la Terre) qui lui sont consacrées. Ce travail peut être qualifié de multidisciplinaire, transdisciplinaire ou, comme nous préférons l'appeler ici, interdisciplinaire car la notion de transdisciplinarité sous-entend à nos yeux un dépassement ou un effacement des disciplines qui peut se révéler utopique. En substance, il s'agit de commencer à démêler ce que nous savons tous sur la problématique des risques et des catastrophes mais que chaque discipline s'approprie sans réussir à s'affranchir des limites de ses questionnements et de ses méthodes. Comme le proclamait il y a huit décennies le personnage du poète Antonio Machado, Juan de Mairena, dans sa vision poétique de la vie : « Ce que nous savons entre nous tous ? Oh, c'est ce que personne ne sait ! ».

De fait, les disciplines, en tant qu'organisations, ont leurs chasses gardées, à tel point que même le travail interdisciplinaire peut contribuer à légitimer leur existence puisque chacune y apporte ses connaissances spécifiques (Wallerstein, 2005, p. 147). Le type de travail interdisciplinaire présenté dans ce livre répond aux deux principales manières de comprendre cette approche méthodologique, à savoir, selon la définition de Valiñas, une interdisciplinarité « parallèle » et une interdisciplinarité « forte ». La première se caractérise par une approche du sujet d'étude où la division du travail académique veut que chaque discipline accomplisse sa tâche de manière autonome pour, à la fin, juxtaposer les résultats obtenus. Le travail interdisciplinaire « fort », en revanche, correspond à celui « où les sciences qui participent [...] consolident leurs avancées grâce aux interrelations qui s'opèrent entre elles » (Valiñas, 1995 : 59).

En d'autres termes, l'interdisciplinarité forte que nous revendiquons et que l'on retrouve dans cet ouvrage peut être comprise au moins à deux niveaux : l'appropriation par un chercheur de théories et de méthodes issues d'une discipline autre que la sienne, ou bien l'échange et le dialogue entre deux chercheurs venus de disciplines différentes. C'est la proposition que développe Immanuel Wallerstein dans son article « L'anthropologie, la sociologie et autres disciplines douteuses », à partir du travail, réalisé entre 1993-1995, qui est à l'origine de son étude *Ouvrir les sciences sociales*[3]. Il y opère une relecture de ce qu'on a appelé « la construction historique des sciences sociales depuis le XVIIIe siècle jusqu'à 1945 » :

> Les lignes intellectuelles des disciplines qui avaient survécu [...] tournaient autour de trois axes : l'opposition entre le passé (l'histoire) et le présent (l'économie, les sciences politiques et la sociologie) ; l'opposition entre l'occident et le reste du monde (l'anthropologie et les études orientales) ; et la structuration du présent nomothétique occidental à partir de la distinction libérale entre le marché (l'économie), l'État (la science politique) et la société (la sociologie) (Wallerstein, 2005, p. 144).

Au cours des trente dernières années du XXe siècle et au début du XXIe siècle, on a admis les limites de ces axes structurants et

3. L'article de Wallerstein a d'abord été publié dans *Current Anthropology* en 2003. L'étude, de son côté, a été rendue publique en 1996 par la Stanford University Press.

réducteurs. D'ailleurs, de nombreux chercheurs en sciences sociales ne les ont jamais mis en pratique et, au fil du temps, une nouvelle tendance est apparue et n'a fait que se consolider : l'effacement progressif des frontières entre les disciplines – même si l'université les a officiellement conservées. Ce processus est d'autant plus sensible quand on s'intéresse à certains champs particuliers comme, par exemple, l'étude des désastres. C'est un sujet tellement complexe qu'il oblige les spécialistes à transcender les limites de leurs disciplines afin de produire des connaissances collectives destinées à analyser de manière simultanée les différentes facettes des phénomènes étudiés. C'est la seule manière d'en comprendre à la fois la dynamique et les résultats.

Une question centrale se pose alors : quelles sont les véritables lignes de démarcation intellectuelles qui structurent actuellement les sciences sociales ? Wallerstein y répond en identifiant trois groupes de chercheurs :

a) Il y a ceux « qui adhèrent toujours à la vision nomothétique classique et qui prétendent élaborer des lois sur le comportement social [...] à partir de données les plus quantitatives qui soient » ;

b) On trouve ceux qui « préfèrent étudier ce qui est particulier ou différent, mais sans se référer à la notion d'échelle [...] Dans la plupart des cas ils font appel à ce qu'ils appellent des analyses qualitatives, analyses minutieuses, presque textuelles » ;

c) Il y a enfin ceux qui « ont des approches variées et qui combinent quantitatif et qualitatif selon les sources dont ils disposent et selon leur degré de fiabilité [...] il s'agit d'un groupe hétérogène ». (Wallerstein, 2005, p. 146-147)

Or, certaines sciences sociales ont plus d'affinités entre elles que d'autres. Dans certains cas, on peut même discerner entre elles une sorte d'association intime qui s'apparente à une symbiose – comme le proclamait en son temps Élisée Reclus au sujet de l'histoire et de la géographie : « La Géographie n'est autre chose que l'Histoire dans l'Espace de même que l'Histoire est la Géographie dans le Temps » (Reclus, 1905). Cependant, trop souvent, les historiens ont considéré la géographie comme un « cadre naturel » presque immuable dans lequel s'inscrivaient les actions des hommes. Malte-Brun, dans son *Précis de la Géographie universelle*, envisageait de cette manière le partage des tâches entre les deux disciplines :

> La géographie n'est-elle pas la sœur et l'émule de l'histoire ? Si l'une règne sur tous les siècles, l'autre n'embrasse-t-elle pas tous les lieux ? Si l'une a le pouvoir de ressusciter les générations passées, l'autre ne saurait-elle fixer, dans une image immobile, les tableaux mouvants de l'histoire, en retraçant à la pensée cet éternel théâtre de nos courtes misères, cette vaste scène, jonchée des débris de tant d'empires, et cette immuable nature, toujours occupée à réparer, par ses bienfaits, les ravages de nos discordes (Malte-Brun, 1831, p. 2) ?

En France, Il a fallu attendre le Fernand Braudel auteur de *La Méditerranée au temps de Philippe II*, pour que le regard des historiens sur la géographie évolue et que le territoire des géographes cesse d'être une scène de théâtre permettant à des acteurs désincarnés de jouer leur rôle. Si la première partie de sa thèse a pour titre *La part du milieu*, celle-ci se place « sous le signe d'une certaine géographie, attentive surtout aux données humaines » (Braudel, 1990, p. 27). Dans la préface de sa première édition (1949), il précise que cette géographie du long terme (ou du temps long) s'intéresse avant tout à la permanence ou à l'évolution des structures spatiales et des relations homme/nature. Or, c'est précisément cette relation qui nous intéresse car les désastres peuvent servir de révélateurs pour comprendre les relations souvent conflictuelles qu'une société donnée entretient avec son environnement, comme le signalait Roger Brunet dans le tome 1 de sa géographie universelle, *Mondes nouveaux* :

> L'espace géographique est œuvre humaine. Il n'est pas une simple enveloppe des sociétés, il est leur produit et *il est en elles* comme leurs cultures et leurs histoires sont en elles. Il apparaît comme un ensemble de relations sociales, tissé de structures invisibles qui relient des objets concrets. Les sociétés n'existent que spatialisées : en ce sens, il n'est pas faux de dire que l'espace est un mode d'occurrence nécessaire de la société, mais la définition est insuffisante. L'espace est un

produit des sociétés, devenant instrument et milieu de leur propre reproduction (Brunet, 1990, p. 30).

Aujourd'hui, ces synergies disciplinaires s'expriment avec force grâce à l'anthropologie historique et la géographie économique, par exemple, ou par le biais de sous-disciplines comme l'écologie culturelle ou l'écologie politique qui occupent désormais, un peu partout dans le monde, une position centrale dans les études anthropologiques sur les désastres. Dans le champ qui nous intéresse plus particulièrement ici, trois disciplines entretiennent depuis longtemps de fructueux échanges et ne font que se rapprocher : l'histoire, la géographie et l'anthropologie.

Dans ce livre convergent donc la plupart des sciences sociales qui ont contribué à ce domaine : l'anthropologie, l'économie, la géographie, l'histoire, la science politique et la sociologie, sans que les auteurs aient jamais renoncé à la spécificité de leurs approches, de leurs méthodes ou de leurs grilles d'analyse. À différents niveaux d'intégration et selon différentes interprétations de l'interdisciplinarité, chaque chapitre montre que, même s'il existe des intérêts partagés, les questions posées par chaque discipline sont différentes et permettent d'étudier de manières très variées les jeux d'acteurs et d'agents associés aux causes et aux conséquences d'une catastrophe. Cette tendance est perceptible même dans les chapitres les plus théoriques de cet ouvrage, ceux de Patrick Pigeon et de Béatrice Quenault, ce qui confirme ce que nous avions déjà formulé par ailleurs : « puisque les frontières disciplinaires sont le plus souvent élastiques, ce sont les problèmes centraux d'une recherche particulière qui déterminent la méthode scientifique la mieux adaptée à leur traitement » (García-Acosta et Von Mentz, 2013, p. 98).

Il est aujourd'hui unanimement reconnu que les désastres sont des processus construits dans la durée et qu'ils doivent être étudiés dans une perspective historique (Musset, 2002). Les désastres, comme l'histoire elle-même, ne sont pas un ensemble de faits articulés de manière mécanique mais des processus continus et dialectiques, des unités structurelles et temporelles indivisibles dont la mise en place est liée aux conditions sociales qui influent sur leur évolution. C'est pourquoi il apparaît indispensable de faire à nouveau référence à la proposition de Wallerstein sur « les sciences sociales historiques, [une] nouvelle construction disciplinaire » :

> Le monde ne peut pas s'analyser et se décrire si on ne le situe pas historiquement. Ce que je veux dire par là c'est que toute réalité fait partie d'un contexte qui change et évolue constamment, de sorte que ce que l'on considère comme vrai à un moment donné cesse de l'être dès qu'on l'a dit. Le problème des sciences sociales [...] est qu'elles doivent réconcilier la recherche de continuités structurelles [...] avec un changement historique permanent (Wallerstein, 2005, p. 152).

Comme Fernand Braudel en France, Enrique Florescano au Mexique a toujours défendu cette nécessité pour l'histoire de se rapprocher des autres sciences sociales, mais aussi le besoin pour celles-ci de reconnaître l'importance des sciences historiques, surtout dans une approche fondée sur la longue durée. Au cours d'une belle réflexion sur les progrès réalisés en termes de diversité, de qualité et de profondeur dans le domaine de l'histoire mexicaine, Enrique Florescano soulignait que ces avancées étaient le plus souvent dues à l'application de méthodes et de théories issues des autres sciences sociales sur un matériel réuni par des historiens. Il cite des cas précis et retient plus particulièrement trois résultats majeurs que l'on doit directement à cette rencontre fructueuse et à ce travail en commun que l'on pourrait qualifier d'interdisciplinaire :

a) le récit historique a cessé d'être essentiellement descriptif et est devenu plus analytique ;

b) l'échange entre les disciplines a permis aux historiens de découvrir les structures et les systèmes de relations qui modèlent les formations sociales au fil du temps ;

c) Les processus par lesquels l'historien identifie son objet d'étude, sélectionne sa méthode et ses outils, questionne la relation entre ses propositions théoriques et son travail empirique puis expose ses résultats sont devenus beaucoup plus rigoureux (Florescano, 1991, pp. 155-157).

Grâce à sa préoccupation constante pour la dialectique espace/temps et à sa proposition d'analyse à partir des trois durées, Braudel dialogue non seulement avec les historiens et les géographes, comme on l'a vu, mais aussi avec les économistes, les sociologues, les démographes et les anthropologues – particulièrement dans son ouvrage *Histoire et Sciences Sociales*. Partant du principe que l'histoire est la fille de son temps, il souligne que si l'histoire est par nature destinée à s'intéresser à la durée et à tous les mouvements qui la composent, c'est la longue durée qui se révèle la plus utile pour développer une observation et une réflexion commune à l'ensemble des sciences sociales (Braudel, 1968, p. 102).

Parfois, les chercheurs en sciences sociales qui étudient les désastres se limitent à un seul de ces temps braudéliens (court, moyen ou long) et certains peuvent même se limiter à l'analyse d'un seul événement en particulier. Mais si un point distingue les auteur-e-s de cet ouvrage, c'est bien qu'ils et elles situent leurs cas d'étude dans des processus bien plus larges au sein desquels l'échelle temporelle et l'échelle spatiale jouent un rôle essentiel.

Pour traiter de manière interdisciplinaire l'étude des catastrophes, selon les deux modalités exposées plus haut et sans établir aucune relation de subordination entre les disciplines convoquées, nous avons voulu dans un premier temps critiquer les notions et les outils qui nous servent à comprendre l'ensemble des processus étudiés. C'est ce que fait Patrick Pigeon en déconstruisant les modèles conceptuels utilisés pour la prévention des désastres et qui occupent une place non négligeable dans la bibliographie internationale sur ce sujet. Son objectif est de mieux comprendre pourquoi ces modèles ont existé et existent toujours, et aussi pourquoi il a été jugé utile de leur proposer des alternatives. De manière tout aussi critique, Béatrice Quenault s'attaque à la notion de résilience, un mot très largement utilisé par de nombreuses disciplines scientifiques avec des acceptions très différentes et qui recouvre des processus, des pratiques, des discours et même des idéologies fort disparates.

En s'intéressant de manière à la fois précise et ironique à l'usage des statistiques et au fétichisme de la quantification pour mesurer l'évolution d'une maladie infectieuse, le paludisme,

Danièle Dehouve s'interroge non seulement sur la validité des outils mis à la disposition des chercheurs pour travailler sur les risques mais aussi sur la supposée objectivité des chiffres utilisés par ces mêmes chercheurs pour légitimer leur discours et, d'une certaine manière, leur existence.

Dans un deuxième temps, il nous est apparu nécessaire d'entrer dans un domaine qui prend de plus en plus d'importance au sein des sciences sociales, celui de l'émotion et du ressenti, suivant en cela les propositions de Davidson, Bondi et Smith qui n'ont pas hésité à parler d'*emotional turn* pour caractériser cette nouvelle tendance. Le désastre, avec la charge traumatique qu'il représente, est sans aucun doute un élément clé dans ce nouveau champ de recherche, comme le montre Alice Corbet en étudiant le tremblement de terre d'Haïti dans une perspective à la fois anthropologique, politique et artistique – dans la mesure où l'art (littérature, théâtre, peinture,...) peut aussi être une manière non seulement de conjurer le malheur mais aussi de le transcender. Son regard ethnographique sur la catastrophe, son interprétation et sa gestion symbolique par les victimes/acteurs du désastre est un appel à prendre en compte dans nos analyses des dimensions culturelles qui donnent un sens nouveau à des notions fondamentales comme la résilience, analysée dans cet ouvrage par Béatrice Quenault.

Gaëlle Clavandier va encore plus loin dans son analyse des catastrophes en s'attachant aux rapports que le souvenir des morts entretient dans nos sociétés avec les cadavres, parfois incomplets, mutilés, démembrés. Grâce à des rituels en permanente évolution, même un fragment infime du corps de la victime peut assurer le maintien symbolique de la personne disparue. Toujours dans le registre du récit et du ressenti, Giovanni Gugg aborde le cas de San Sebastiano al Vesuvio dont les habitants vivent depuis des siècles à l'ombre du volcan. Au carrefour entre histoire, anthropologie et psychologie sociale, il étudie les modes d'occultation du risque qui ont permis aux habitants de transformer leur *Pays fantôme* en *Petite Suisse*.

La dernière partie de l'ouvrage, intitulée *L'interdisciplinarité à l'épreuve du terrain*, s'intéresse à des cas concrets de construction interdisciplinaire dans l'étude des désastres, sans masquer les problèmes posés par cette démarche. C'est ainsi que Manuela Fernández et Battista Matasci croisent les points de vue de la géographie et des sciences de la Terre pour co-construire une problématique commune fondée sur l'identification et l'analyse des risques dans la commune rurale d'Uspantán, au Guatemala.

Géographe de formation, Jérémy Robert s'intéresse à la gestion des crises dans une perspective territoriale, politique et culturelle afin d'apporter un nouvel éclairage sur les vulnérabilités urbaines à partir de son terrain de prédilection, Lima. Son but est de démontrer que la gestion de crise peut et doit être considérée comme un véritable objet de recherche pour l'ensemble des sciences sociales. Afin d'interroger les champs de recherche dans lesquels s'inscrit l'interdisciplinarité, il privilégie les regards et des questionnements croisés qui lui permettent de saisir la construction de la vulnérabilité des territoires, comme il le souligne dans son chapitre.

En étudiant les politiques de gestion des risques en Équateur, prises entre l'agenda national et les pratiques de la coopération internationale, Julien Rebotier nous montre enfin que les géographes doivent savoir utiliser les outils et les méthodes de la science politique pour comprendre les enjeux de la décentralisation et de la re-concentration des pouvoirs dans un pays en pleine transformation institutionnelle.

Dans ce domaine particulier de recherche, l'un des résultats souhaités par les organisateurs du séminaire et les éditeurs de ce livre était de comparer les pratiques et les méthodes des chercheurs venant de différents horizons disciplinaires, de part et d'autre de l'Atlantique, afin d'en identifier les points forts et les points faibles, les différences et les convergences. Notre but est désormais de poursuivre la tâche en approfondissant certaines des questions soulevées par ce dialogue fructueux : comment favoriser les échanges sur les risques et les catastrophes entre des communautés de chercheurs en sciences sociales qui partagent les mêmes objets mais pas les mêmes terrains ? Quel est l'état d'avancement réel de l'interdisciplinarité dans notre champ ? La mondialisation a-t-elle permis dans ce domaine d'ouvrir de nouvelles pistes de réflexion ?

S'il ne répond pas à toutes ces questions, cet ouvrage sur l'étude interdisciplinaire des risques a le mérite d'ouvrir des portes et de proposer une démarche. Cependant, ce n'est ni un manuel de sciences sociales ni un cahier d'exercices. Pour construire l'interdisciplinarité, il n'y a pas de théorie, pas de méthode, pas de recette. Il n'y a que des pratiques. C'est donc de nouveau avec Antonio Machado que nous voudrions à la fois conclure et ouvrir cette introduction car, comme disait le grand poète : « Toi qui marches, il n'existe pas de chemin, le chemin se fait en marchant... »[4].

BIBLIOGRAPHIE

Braudel F., 1990 (1949), *La Méditerranée au temps de Philippe II*, Paris, Armand Colin, Tome 1.

Braudel F., 1968, *La Historia y las Ciencias Sociales,* Madrid, Alianza Editorial.

Brunet R., 1990, *Géographie universelle tome 1 : les Mondes nouveaux*, Paris, Hachette/Reclus.

Davidson J., Bondi L. et Smith M. (Éd.), 2007, *Emotional Geographies*, Aldershot, Ashgate. Florescano E., 1991, *El nuevo pasado mexicano,* Mexique, Cal y Arena.

García-Acosta V., Von Mentz B., 2013, « Antropología e historia : un diálogo ineludible », in García-Acosta V., De la Peña G. (coord.), *Miradas concurrentes. La antropología en el diálogo interdisciplinario,* Mexique, CIESAS, pp. 97-126.

Machado A., 1987 (1912), *Campos de Castilla,* Madrid, Cátedra.

Machado A., 1940, *Juan de Mairena. Obras completas,* Mexique, Séneca.

Malte-Brun C., 1831, *Précis de la Géographie universelle*, Paris, Aimé André Éditeur, Tome 1.

Musset A., 2002, *Villes nomades du Nouveau Monde*, Paris, Éditions de l'EHESS.

Reclus É., 2005 (1905), *L'homme et la Terre*, Paris, La Découverte.

Valiñas L., 1995, « La interdiscipplina y la lingüística », in Ruz M.H., Aréchiga J. (Éd.), *Antropología e Interdisciplina,* Mexique, Sociedad Mexicana de Antropología, pp. 59-72.

Wallerstein I., 2005, *Las incertidumbres del saber,* Barcelona, Editorial Gedisa.

4. « Caminante no hay camino, se hace camino al andar... » (Machado, 1987). Traduction des auteur-e-s.

Partie I

CRITIQUE DES NOTIONS ET DES OUTILS

1

Que nous apprennent les modèles conceptuels sur la prévention des risques de désastres ?

Patrick **Pigeon**

Les enjeux, tant éthiques qu'économiques, qui sont liés à la prévention des désastres, sont régulièrement rappelés au niveau mondial. Le congrès de Sendai, tenu en mars 2015 (UNISDR, 2015a), ou le rapport de l'UNISDR (2015b) soulignent les nombreuses limites que rencontrent encore aujourd'hui les politiques prévenant les risques de désastres. Ces politiques ne parviennent pas à réduire autant que souhaité les pertes humaines et économiques qu'enregistrent les bases de données sur les désastres existantes (Mitchell *et alii*, 2014).

De tels bilans attirent l'attention sur les modèles conceptuels qui sont utilisés dans ce champ de recherche. Dans ce cas, un « modèle conceptuel » (Cutter *et alii*, 2008) ou un « cadre conceptuel » (Birkmann, 2006) représentent graphiquement les composantes des définitions du risque et leurs relations. On peut se demander dans quelle mesure les limites des modèles conceptuels contribuent à expliquer celles, nombreuses, que rencontrent les politiques de prévention des désastres (White *et alii*, 2001).

En effet, les faiblesses des modèles conceptuels sont pointées par les rapports de synthèse qui sont publiés à la suite des programmes de recherche internationaux et pluridisciplinaires sur ce thème. Ils cherchent à trouver les articulations les plus cohérentes possible entre les contributions venant des sciences humaines et sociales (SHS), incluant les juristes, et celles apportées par les sciences de la terre et de la vie (STV), ou par les ingénieurs. Ce problème se pose actuellement dans le cadre du programme AVCOR (« *Active Volcanism and COntinental Rifting* », sur la prévention des désastres associés aux séismes, aux éruptions volcaniques et aux glissements de terrain autour du lac Kivu (Rwanda et République démocratique du Congo). Il en a été de même pour d'autres programmes antérieurs où l'apport des ingénieurs hydrauliciens était important (Programme COLEM, *Colombo environmental management*, Chemla et Billot, 2008; programme INTERREG franco-suisse sur le Haut-Rhône, Dupont et Pigeon, 2008), notamment.

Cette contribution précise pourquoi les modèles conceptuels concernant les risques de désastres sont insatisfaisants. Une partie des problèmes vient de l'extrême difficulté à dépasser les conceptions aléa-centrées, qui dominent encore ce champ de recherche. Pourtant, les limites de cette approche sont reconnues, dans le cadre de la construction sociale des risques de désastres (García-Acosta, 2008). Le chapitre cherche alors à comprendre pourquoi les approches dominantes, segmentées, persistent au travers de modèles conceptuels (Wisner *et alii*, 2004 ; Lavell et Maskrey, 2013). Il ne peut y avoir l'étude des aléas d'un côté, souvent par les STV, et l'étude des éléments exposés inégalement vulnérables de l'autre, par les SHS, comme si les différents éléments et les différentes disciplines qui les étudient étaient simplement juxtaposés. Fait révélateur, les politiques, qui font ressortir les coévolutions entre aléas et éléments exposés, sont quasiment absentes des définitions de base des risques de désastres.

La première partie de cette contribution expose les décalages multiples entre les définitions des risques de désastres et les besoins des chercheurs comme des programmes pluridisciplinaires sur la prévention des désastres. La deuxième partie du chapitre en résulte : elle explore en détail les décalages entre les modèles conceptuels et les besoins de la recherche, notamment internationale. La troisième partie tend à comprendre pourquoi ces décalages existent, et pourquoi ils sont maintenus.

1. Les définitions du risque de désastre ne correspondent pas aux besoins des lectures plus intégrées ou pluridisciplinaires de la question

À quelques exceptions près, la bibliographie admet que le risque désigne la probabilité de dommages liée à la présence d'au moins un aléa et d'éléments exposés, dont la vulnérabilité inégale est aujourd'hui rattachée à la notion d'enjeu (Blaikie *et alii*, 1994; Pigeon, 2005; Birkmann, 2006; D'Ercole et Metzger, 2009; Dauphiné et Provitolo, 2013). Le désastre suppose que les capacités de gestion locale de l'événement sont excédées (Pigeon, 2010). Le désastre est couramment défini en fonction de seuils d'intensité de dommages qui sont dépassés, et qui permettent d'établir des bases de données, comme celle du CRED (2016). Les désastres y sont classés en fonction de l'aléa. La définition du risque de désastre à partir du binôme aléa/vulnérabilité reste donc dominante.

Le site de l'Université virtuelle environnement et développement durable (ou UVED), site universitaire qui correspond à un ensemble de cours en ligne réunissant les contributions de 80 auteurs sur les risques, le confirme. On y lit de manière très classique, que :

« La définition usuelle donnée pour le risque naturel est la suivante : (Risque) = (aléa) x (enjeu) »

L'aléa désigne en fait un « événement ou processus ». L'aléa permet de définir aussi une fréquence, soit un rapport entre une période temporelle et le nombre d'événements survenus durant cette période. Cette possibilité justifie le recours à la statistique et aux probabilités, qui fondent la notion de risque, en fait, à partir de l'aléa.

Toutefois, l'aléa ne suffit pas à rendre compte du risque à lui seul. On peut même se demander pourquoi il est placé en premier. Un événement sans perte possible n'a pas de sens ici, et ce qui peut être perdu préexiste nécessairement à l'aléa.

D'où l'enjeu et la vulnérabilité, présentés ainsi par le site de l'UVED : « Les enjeux et la vulnérabilité sont liés à la présence humaine (personnes, habitations, activités économiques, infrastructures, etc.) et sont difficiles à définir ». C'est effectivement le cas. Selon Birkmann (2006, p. 12), la vulnérabilité désigne « *an intrinsic predisposition to be affected to or to be susceptible to damage* » même si « *the different definitions or approaches show it is not clear just what 'vulnerability' stands for a scientific concept* » (Birkmann, 2006, p.11). La notion d'enjeu a été redéveloppée dans la recherche francophone, notamment par D'Ercole et Metzger (2011). Ils défendent qu'on peut en toute simplicité dire que le risque c'est la possibilité de perdre ce à quoi on accorde de l'importance. Or « ce que l'on peut perdre » n'a pas de statut conceptuel dans le paradigme « aléa x vulnérabilité ». Le défi est donc de rendre une cohérence à la fois conceptuelle et opérationnelle à la notion de risque. C'est aussi de considérer « ce qu'on peut perdre », c'est-à-dire l'enjeu comme un objet autonome dans la problématique des risques, de le dégager des notions d'aléa et de vulnérabilité qui structurent le concept pour dissocier clairement ce qu'on peut perdre (les enjeux) de ce qui peut provoquer leur perte (la vulnérabilité).

Cette position n'a été qu'en partie reprise par l'UVED dans la définition que le site donne du risque, et sans citer les deux auteurs.

Les définitions classiques justifient les partages disciplinaires, en particulier entre les SVT, les sciences de l'ingénieur, qui sont tournées vers l'aléa, et les SHS, incluant ici le droit, qui traitent surtout la vulnérabilité. Il semble pourtant évident que la prévention des risques de désastres doit intégrer les deux apports, ou, au minimum, valoriser des approches pluridisciplinaires qui les relient (Gall *et alii*, 2015). C'est ce qui est visé par les programmes de recherche internationaux sur la question, que peuvent soutenir l'UNISDR ou l'OMM (Glantz, 2015). Or, tant la recherche que la gestion continuent à présenter risques et désastres de manière segmentée, en insistant sur la spécialisation en fonction des types d'aléas.

Refuser de remettre en cause la catégorisation en types de risques et de désastres fait aussi ressortir un autre travers étonnant. Les origines assurantielles ou ingénieriales de la notion de risque devraient attirer l'attention sur la place que les définitions consacrent aux capacités d'actions humaines, et aux possibilités de prévenir. Pourtant les définitions dominantes du risque et des désastres, même renouvelées par la prise en compte de la notion d'enjeu, placent toujours les sociétés humaines en position de subir.

Cet état de fait est d'autant plus surprenant que les travaux de correction, aussi variés que peuvent l'être les digues, les drains, les aménagements routiers (Propeck-Zimmermann, 2015), et tant d'autres, qui sont aussi nommés travaux de protection, rendent visibles une partie des politiques cherchant à prévenir les dommages et désastres. La vulnérabilité passive est donc incohérente et totalement décalée par rapport à ce qui est couramment observable. Les définitions de base du risque correspondent très imparfaitement aux besoins d'interprétation. Elles sont étonnamment muettes sur les politiques de correction/protection, et donc aussi de prévention.

Figure 1. *"Examples of graphical and numerical representations of (social) capacity in natural hazards research" Une définition de base du risque de désastre dans Kuhlicke et Steinfuhrer (2010, p. 14). On remarquera que l'aléa demeure sans lien avec les éléments vulnérables avant la reconnaissance du risque de désastre. L'aléa est placé, de manière implicitement première, sur le plan chronologique. La place des politiques demeure implicite et limitée, avec les "coping capacities".*

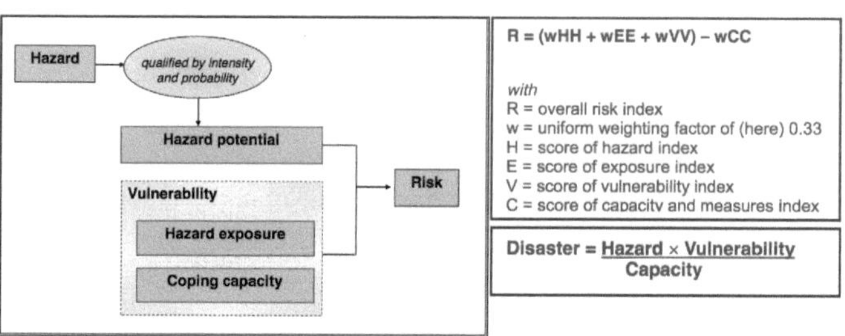

Sources: Greiving 2006 (left), Bollin and Hidajat 2006 (upper right), Davis 2004 (lower right)

Toutefois, une partie de la recherche reconnaît ce défaut. Certains programmes européens commencent à intégrer les « *coping capacities* » dans la définition de base des risques (Kuhlicke et Steinführer, 2010, Figure 1). Ce n'est pas encore une prise en compte dominante. Par exemple, Shi et Kasperson (2014), dans leur monumental atlas sur les risques en Chine, posent que : « *disaster losses and damages are consequences of the interactions of hazards (H), exposures (S) and the environment system (E) in which disasters occur* ». L'environnement du système est bien trop imprécis pour pouvoir viser explicitement la place étonnamment faible qu'occupent les politiques de prévention dans les définitions des risques de désastres aujourd'hui. Le très visible, et même de plus en plus visible, demeure quasi invisible ou très marginal dans les définitions fondamentales dont nous disposons sur les risques aujourd'hui.

Compte tenu de ce qui précède, les modèles conceptuels devraient aussi connaître de nombreuses limites. Ce sont pourtant eux qui sont censés justifier la structure des programmes de recherche pluridisciplinaires sur la prévention des risques de désastres, qui se multiplient. À elle seule, l'évolution très rapide des modèles proposés démontre leur caractère insatisfaisant, comme l'impossibilité actuelle d'atteindre une solution plus utile et cohérente à la fois.

2. La quête difficile d'un modèle conceptuel pour la prévention des désastres

Un modèle conceptuel (Cutter *et al.*, 2008) ou un cadre conceptuel (Birkmann, 2006) désignent ici une représentation graphique des relations qui existent entre les composantes de base des définitions du risque que sont, *a minima*, aléas et vulnérabilité ou aléas et enjeux. Dans cette optique, le modèle donne une vision d'ensemble, compréhensive au sens étymologique, des risques de désastres. Un modèle est nécessaire à tout programme de recherche pluridisciplinaire sur la prévention. Il permet de justifier pourquoi plusieurs chercheurs appartenant à des disciplines différentes sont amenés à travailler ensemble dans le même programme, et de manière cohérente.

Mais, comme il n'y a pas d'accord sur les définitions du risque, et même a minima (D'Ercole et Metzger, 2009), le défi que représentent les modèles conceptuels liés à la prévention des désastres est colossal. Il a déjà été identifié par quelques auteurs comme Birkmann ou Cutter. Cette dernière participe à une association internationale visant à plus intégrer les différents apports disciplinaires dans les efforts académiques et gestionnaires concernant la prévention des désastres (Cutter *et alii*, 2013). En 2008, Cutter mentionnait déjà que :

> Few researchers have attempted to combine all the factors that contribute to vulnerability, let alone measure them empirically (Cutter et al., 2003). The most often cited conceptual models for hazard vulnerability include : (1) Blaikie and Wisner et al.'s pressure and release model (Wisner et al., 2004); (2) Turner et al.'s (2003) vulnerability/sustainability framework; and (3) Cutter's hazards-of-place model of vulnerability (Cutter, 1996; Cutter et al., 2000).

Birkmann et Cutter reprennent dans leurs efforts de synthèse les tentatives qui sont les plus citées dans la bibliographie. Nous présentons ici certains de ces modèles, et nous les comparons avec d'autres plus récents, en précisant pourquoi tous posent problème.

***Figure 2.** "The conceptual framework to identify disaster risk". Dans Birkmann J. (éd.), 2006 , p. 23.*

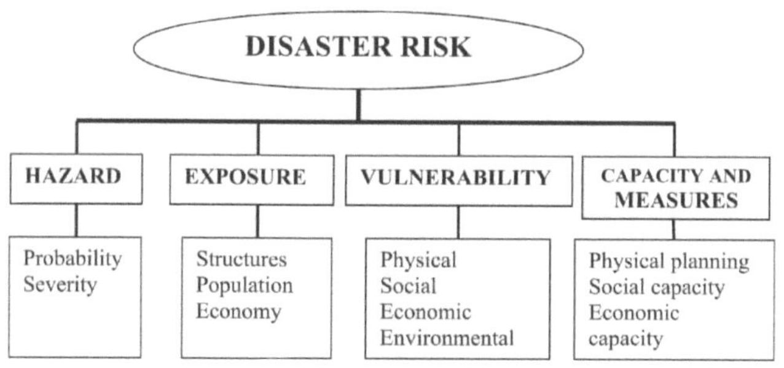

Le premier modèle que nous proposons (Birkmann, 2006, Figure 2), reprend plusieurs tentatives antérieures. Il est très analytique et sépare systématiquement aléas, exposition, vulnérabilité et capacités à faire face au désastre (« *coping capacities* »). Il n'est donc pas adapté à la prise en compte des retours d'expérience liés aux désastres antérieurs. Le modèle de la Figure 2 est linéaire, il suit la flèche du temps. Il semble même apolitique. Il n'y a rien après le « risque de désastre » comme si de futurs désastres n'existaient même pas. Voici un modèle du risque de désastre où le risque est hors du temps long. La notion de risque impose pourtant une projection dans l'avenir afin d'espérer réduire les futurs dommages.

Figure 3. *"Pressure and release (PAR) model: the progression of vulnerability". Dans Wisner* et alii *(2004, p. 51).*

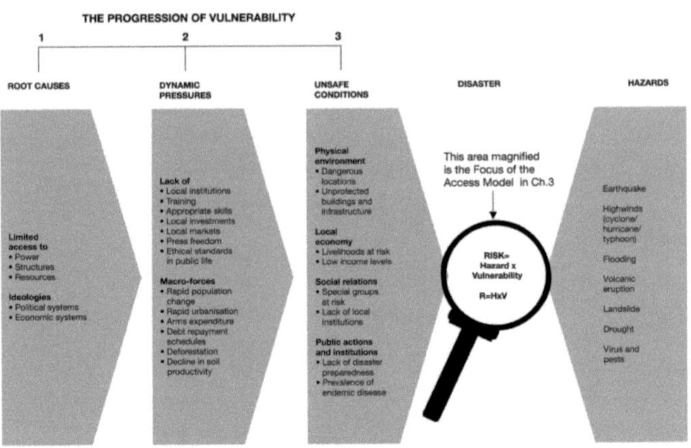

Le second modèle, celui de Wisner *et alii.* (2004, Figure 3), intègre plus les politiques dans la « progression de la vulnérabilité ». Il fait apparaître plus explicitement la tendance des sociétés humaines à préparer les désastres, involontairement, sur la durée. Dans ce modèle, les aléas ont d'ailleurs moins de place que la vulnérabilité. Toutefois, on observe que les aléas sont toujours séparés de la vulnérabilité, sauf au moment du désastre, et que les retours d'expérience ne sont pas explicitement pris en compte ici. Le modèle demeure binaire et linéaire.

Figure 4. *"The Access model in outline". Dans Wisner* et alii *(2004, p. 89).*

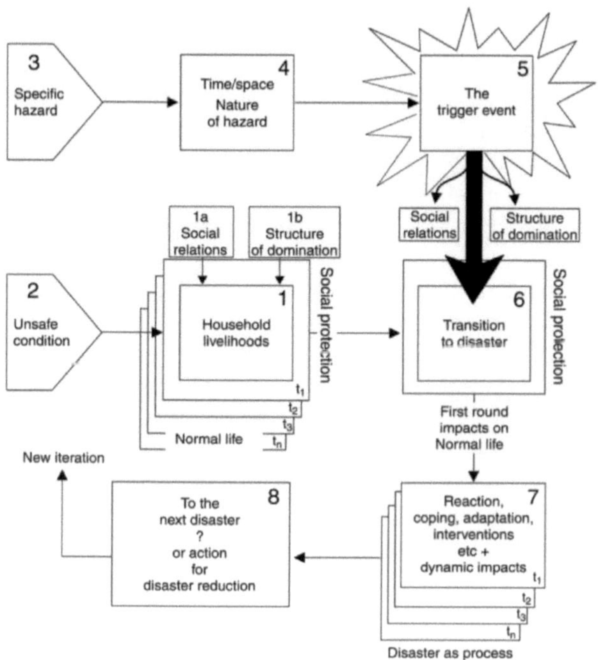

C'est la raison principale pour laquelle ce modèle a été revisité dans la version de Wisner et al. (2004) (Figure 4). On observera que la représentation se fait, cette fois, en boucles. Ces dernières essaient de traduire les retours d'expérience : les politiques sont revues après les désastres. Les politiques sont dans l'histoire des désastres, elles sont même un moteur majeur de cette histoire, autant par leur contribution à la prévention que par leurs limites.

Toutefois, il n'y a toujours pas, sur la Figure 4, de relations entre aléas et vulnérabilités avant le désastre. Ce modèle n'est donc pas assez cohérent avec ce que l'on peut observer lors des retours d'expérience ou des études de terrain. Il ne justifie pas plus pourquoi, dans l'optique de la prévention comme celle des programmes de recherche pluridisciplinaires, les chercheurs devraient travailler effectivement ensemble, et pas de manière simplement juxtaposée. Ainsi, le modèle de la Figure 4 ne prend pas en compte les travaux de correction (tournés vers l'aléa), qui sont *aussi* des travaux de protection (tournés vers l'exposition et la vulnérabilité). Tout simplement, une digue, un drain, un épi, un pare-avalanche nécessitent d'admettre que l'aléa (courant marin, cours d'eau, glissement de terrain, avalanche) est modifié, corrigé par l'ouvrage. Les gestionnaires en espèrent une réduction des fréquences de survenue des événements et potentiellement aussi des dommages. Cette attente contribue à justifier l'évolution des peuplements, et de leurs vulnérabilités, car elle pousse à plus utiliser les terrains qui sont, officiellement, plus protégés. Nous insistons : l'ouvrage de correction est aussi un ouvrage de protection, même partielle, et limitée (Pigeon, 2010). L'aléa est bien modifié avant le dommage, ce dont le modèle de la Figure 4 ne rend pas compte. Le modèle ne tient pas plus compte du fait que les aléas, les éléments exposés inégalement vulnérables, et les politiques de prévention coévoluent, au moins en partie. Ils ne sont aucunement juxtaposés, indépendants, ou simplement impactés par l'aléa, supposé naturel. Le modèle de la Figure 4 ne représente pas ces coévolutions.

***Figure 5.** "Le modèle conceptuel de Turner". Dans Birkmann (2006, p. 27).*

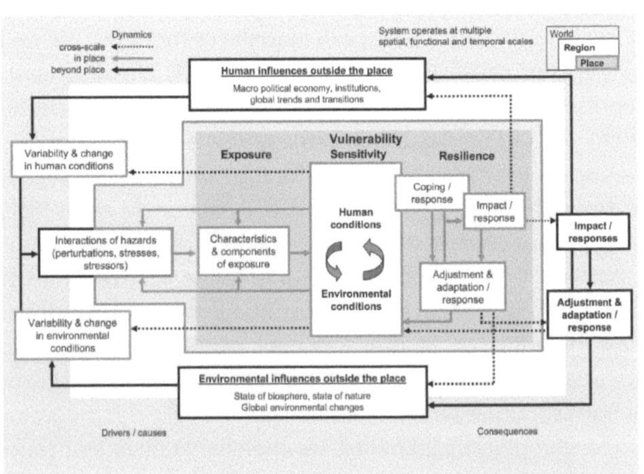

L'évolution d'une partie de la recherche (surtout sur le changement climatique) explique pourquoi certains modèles récents prennent plus explicitement en compte les interactions et coévolutions entre aléas et éléments exposés, inégalement vulnérables. C'est ce que l'on trouve dans le modèle de Turner (Figure 5), ou encore avec les modèles issus des courants de pensée sur les systèmes socioécologiques, qu'ils appartiennent au groupe *Resilience Alliance* (Gunderson et Holling, 2002) ou pas (Shi *et alii*, 2013 ; Renaud *et alii*, 2013). Leur intérêt est d'identifier et de représenter graphiquement les boucles de rétroactions à l'intérieur des peuplements humains lus comme systèmes. La boucle de rétroaction permet d'intégrer aux modèles les retours d'expérience, comme les limites des politiques de prévention. Ce mode de représentation justifie que les chercheurs des SHS comme des STV et aussi que les ingénieurs travaillent ensemble dans les programmes pluridisciplinaires. Comme le montrent tant de retours d'expérience, la coupure stricte entre aléas et éléments exposés, inégalement vulnérables, est très réductrice.

Mais ces modèles rencontrent de nombreuses limites. Ils sont difficiles à lire. De surcroît, on ne peut pas actuellement démontrer des capacités humaines, directes ou indirectes, à pouvoir influer sur tous les aléas. Par exemple, l'humanité ne peut influer de manière directe ou indirecte sur les foyers des séismes profonds, liés à la rhéologie des plaques de lithosphère. Il reste une partie, même limitée, des facteurs contribuant à expliquer les désastres qui doit rester à l'écart des interactions entre aléas et éléments exposés. On devrait donc continuer à intégrer explicitement les aléas naturels aux modèles : ces aléas-là influent sur les peuplements humains sans que ces derniers ne puissent influer sur eux (Pigeon, 2005). La représentation devient donc très difficile, même si elle recherche la plus grande cohérence logique possible.

Figure 6. Le modèle conceptuel de Shi et Kasperson (2014, p. 4)

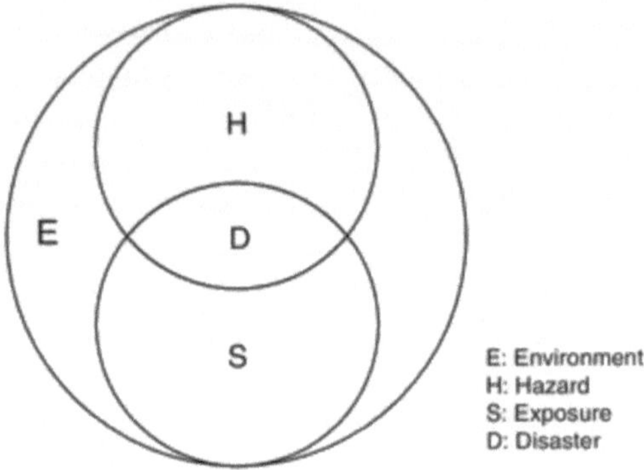

Finalement, on peut mieux comprendre pourquoi on trouve aujourd'hui des modèles comme ceux de Shi et Kasperson (2014, Figure 6). On pourra tout de même s'étonner de voir représenter un « désastre comme système » sans aucune formalisation explicite des interactions, fussent-elles partielles, entre les éléments majeurs qui forment la base des définitions du risque et aussi d'un système.

On constate l'extrême difficulté à trouver une solution représentant de manière lisible des définitions du risque de désastre elles-mêmes très hétérogènes et contestées, tout en visant la plus grande cohérence logique possible. Il n'en reste pas moins qu'on retrouve partout un parent pauvre, au mieux présenté de manière marginale : les politiques de prévention des désastres. Il est donc utile de chercher à comprendre pourquoi cette discrétion est aussi patente.

3. Pourquoi les limites des modèles conceptuels sont-elles maintenues malgré leur reconnaissance ?

L'extrême difficulté à trouver une solution plus intégrée, plus logiquement cohérente tout en étant lisible, utilisable, au problème que posent les modèles conceptuels suggère deux possibilités. La première, c'est que le problème à traiter nécessiterait de revenir sur les manières habituelles de raisonner. La seconde supposerait que les solutions habituellement trouvées à ce problème seraient les moins mauvaises possibles pour le plus grand nombre d'acteurs impliqués. Formulé autrement, il y aurait plus de dommages, pour un nombre élevé d'acteurs influents, à faire évoluer cette situation non satisfaisante, qu'à ne pas le faire. Ce type de raisonnement est courant dans le champ de recherche qui est celui de la prévention des risques de désastres. Ce n'est pas par méconnaissance des désastres historiques que l'urbanisation de Mexico (García-Acosta, 2008; Musset, 2002) ou de La Paz (Hardy, 2013), entre autres, s'intensifie.

La première solution a été explorée depuis des siècles par la philosophie, et elle attire l'attention sur les avantages et les limites de l'analyse. Il suffit de se référer au célèbre discours de la méthode de Descartes pour rappeler que, face à un problème, la démarche généralement suivie est celle de la décomposition analytique. C'est ce qui se produit avec la distinction, qui reste fondamentale, entre aléa, éléments exposés, enjeux, vulnérabilité. Cette distinction fonde aussi les partages disciplinaires.

Tant Descartes, Pascal que leurs très nombreux commentateurs et/ou successeurs, de Bergson à Morin (2005; 2011), ont été conscients des limites de l'analyse. Elle permet certes de définir, de préciser, de manière systématique, de repérer la causalité de base. Mais analyser impose des visions étroites, segmentées, hyperspécialisées, et aussi fixistes. Les analyses systémiques et complexes espèrent compenser les limites des analyses systématiques, en faisant ressortir les interactions, les coévolutions, tout en prenant plus explicitement en compte les différentes échelles comme les différents pas de temps. Ces tentatives ont été reprises récemment, notamment par les chercheurs qui se réclament des systèmes socioécologiques. Mais, même si l'analyse systémique peut aider à formaliser les coévolutions entre les différentes composantes des risques de désastres sur un site donné (Pigeon, 2016), les modèles proposés sont beaucoup plus difficiles à concevoir, à lire et à utiliser.

De plus, si l'on suit Bergson (1934/2013), toutes ces représentations ne peuvent échapper au péché originel qui est celui de l'analyse et de la lecture disciplinaire. Les chercheurs de *resilience alliance* sont issus de l'écologie, et leur pensée en reste marquée. Pour une grande partie de la recherche en SHS, la pensée sur la résilience qui est celle de Gunderson et Holling (2002) tend à naturaliser la préparation des désastres, à la dépolitiser, même s'ils s'en défendent. À l'inverse, les lectures par les SHS tendent à marginaliser et parfois à aller jusqu'à nier, l'existence des aléas. Ils ne sont de toute façon pas étudiés en tant que tels par les chercheurs en SHS. Circonstance aggravante, analyses systématiques, systémiques, complexes sont certes complémentaires, mais elles restent toutes nécessairement imparfaites (Bergson 1934/2013), sauf à espérer atteindre une métaphysique qui n'est plus opératoire. Ce n'est pas avec l'intuition que l'on peut espérer contribuer à prévenir les désastres.

On vient donc sur le deuxième type de solutions permettant d'expliquer le maintien des approches segmentées et disciplinaires malgré les appels à la pluridisciplinarité des programmes de recherche. La discrétion stupéfiante de la place accordée aux politiques dans les définitions comme dans les modèles conceptuels concernant les risques de désastres est révélatrice. Les politiques ont la capacité à faire ressortir les interactions, et les coévolutions entre aléas et éléments inégalement vulnérables, par les mesures prises, et tout particulièrement par les travaux de correction/protection. Les politiques et les mesures associées contribuent à faire évoluer visiblement les peuplements humains, et ces derniers les font évoluer en retour. Les retours d'expérience, formes de boucles de rétroaction, permettent d'identifier, clairement, le caractère éminemment dynamique, aussi nécessaire que nécessairement imparfait, des mesures prises (Pigeon, 2016).

Et pourtant, les politiques n'apparaissent pas, ou très marginalement, dans tous les modèles conceptuels dont nous disposons aujourd'hui. Les ingénieurs, les assureurs continuent à raisonner en suivant le couple aléa/vulnérabilité, comme s'ils n'existaient pas en tant que partie prenante réelle des politiques de prévention. Les géologues et géophysiciens continuent à étudier les séismes et les glissements de terrain, dans les programmes de prévention des désastres, comme s'il n'y avait pas d'hommes ni de travaux de correction/protection. Et les spécialistes de la vulnérabilité font comme si les aléas étaient très secondaires, ils ne les prennent habituellement pas en compte, et ils tendent même parfois à les nier.

On retrouve donc la signature de la tendance humaine à penser et à agir de manière systématiquement analytique, mais aussi la volonté de maintenir cette tendance fondamentale par habitude. On devine que ce n'est pas pour rien. Les marchés de la prévention des désastres sont structurés en fonction d'approches très segmentées, qui sont aussi très techniciennes. Le marché des travaux de correction/protection concerne les bureaux d'étude, les entreprises de bâtiments et travaux publics (BTP), mais aussi les sociétés de développement foncier, entre autres acteurs économiquement et politiquement très influents. Nombre de chercheurs ont identifié cette tendance lourde, et aussi ses liens parfois très visibles avec les partis politiques dominants (Augendre, 2008). La reconnaissance des limites de travaux de correction n'empêche qu'ils continuent à être largement utilisés, comme l'a montré, entre autres, Hardy (2013). La discrétion des politiques dans les définitions comme les modèles concernant les risques de désastres est donc aussi un moyen de naturaliser la question, de la dépolitiser.

Au total, le maintien des limites des modèles conceptuels existants traduit à la fois des problèmes épistémologiques et d'autres qui, au moins aussi importants, sont liés à des groupes d'intérêts majeurs, tant dans le domaine académique que dans celui de la gestion. Non seulement il est très exigeant de faire évoluer les modèles conceptuels, mais ces évolutions ne pourront que déplacer les limites inhérentes à l'analyse. Les évolutions des définitions et des modèles poussent aussi à expliciter, révéler les responsabilités humaines dans la préparation des désastres. Faire évoluer les modèles tend à marginaliser ceux qui recherchent plus de cohérence logique, et qui perdent alors de la visibilité académique ou politique. Il faut être soi-même très peu politique pour révéler la discrétion des politiques dans les modèles conceptuels qui concernent pourtant directement la prévention des risques de désastres.

Conclusion

On peut être surpris de constater le caractère très insatisfaisant des modèles conceptuels concernant la prévention des risques de désastres. En effet, ils sont très décalés par rapport aux besoins de compréhension et de gestion visant la plus grande cohérence logique possible dans ce domaine aux enjeux éthiques et économiques aussi majeurs qu'évidents. Les modèles sont tout autant décalés par rapport aux besoins de justification qui sont ceux des programmes de recherche pluridisciplinaires, toujours plus nombreux.

Comment ces modèles sont-ils décalés et insatisfaisants ?

Les modèles conceptuels juxtaposent systématiquement et statiquement les éléments de base des notions de risques de désastre (aléa/éléments vulnérables) plus qu'ils ne font ressortir les coévolutions, au moins partielles, entre ces éléments de base, sur la durée. Ils sont donc forcément et évidemment inadaptés aux besoins. La prévention des désastres nécessite de prendre en compte la durée, elle nécessite une approche plus dynamique et moins segmentée des peuplements humains. Les programmes de recherche pluridisciplinaire sont tournés vers ces besoins, et ils se multiplient.

Les modèles conceptuels accordent une place étonnamment très discrète aux politiques de prévention. On pourrait prétendre que les modèles sont apolitiques. Ils se présentent comme si les sociétés humaines considéraient un problème dont elles resteraient fondamentalement les victimes. Cela pourrait se comprendre en partie pour les populations les plus pauvres : on sait qu'elles sont confrontées drastiquement à la réduction de leur capabilité, pour reprendre la notion que défend Sen (2009). Mais ces modèles concernent la prévention des risques de désastres, qui sont aussi et surtout affaires de métropolitains (Pigeon, 2012). Les sociétés d'ingénierie, de classement, les sociétés d'assurance et de réassurance tirent profit du risque de désastre et surtout de sa prévention. Ce sont des acteurs majeurs de la prévention, même parmi d'autres, à échelles plus locales. On ne voit pas beaucoup apparaître ces acteurs métropolitains majeurs, tournés vers l'avenir, et exploitant les limites des politiques mises en œuvre, dans les modèles conceptuels.

Pourquoi ces insuffisances et manques se poursuivent-ils malgré leurs reconnaissances ?

L'évolution lente et insatisfaisante des modèles provient de deux éléments au moins, qui justifient l'inertie.

Le premier, épistémologique, est lié aux modes de penser et aussi d'agir humains, qui passent par l'analyse systématique, la segmentation des problèmes, et la lecture fixiste qui les accompagne. Les limites de l'analyse systématique sont reconnues depuis des siècles. On ne peut espérer que les déplacer, en développant, de manière complémentaire, des analyses de type systémique et complexe. Elles permettent davantage de prendre en compte la durée, les dynamiques des peuplements humains, indispensables lorsque l'on prétend comprendre et gérer, au moins en partie, les risques de désastres. Mais ces analyses sont aussi très énergivores et chronophages. Et elles font clairement ressortir le caractère politique de la prévention des désastres. Les analyses systémiques et complexes accompagnent, en fait, la lecture dite radicale, celle de la construction sociale des risques des désastres (García-Acosta, 2008 ; Lavell & Maskrey, 2013). Les sociétés humaines ne sont alors plus passives, et elles coévoluent au moins avec une partie de leurs environnements. Les désastres sont préparés avant tout par les choix politiques, et aussi par les inégalités socioéconomiques. Ces dernières, les causes fondamentales de la géographie radicale (Wisner *et alii*, 2004), relativisent considérablement la part interprétative qui continue à être attribuée aux aléas dans les modèles conceptuels dominants.

Le caractère imparfait des modèles conceptuels devient alors la moins mauvaise des solutions pour le plus grand nombre d'acteurs académiques et gestionnaires qu'implique la prévention des désastres. Le couple aléa/éléments vulnérables permet de maintenir les partages disciplinaires et académiques, et l'accès aux sources de financement de la recherche. La dépolitisation évite de regarder de trop près les responsabilités, et surtout de remettre en cause les structures socioéconomiques très inégalitaires comme les rapports de pouvoirs existants. La préparation des désastres est pourtant reconnue de manière croissante comme étant liée aux structures fondamentalement inégalitaires des sociétés humaines.

On pourra donc bien démultiplier les nouveaux outils tournés vers la prévention, comme le sont les systèmes de gestion de la connaissance (Duncan *et alii*, 2014; Nussbaum et Pigeon, 2015), ou se tourner vers de nouvelles notions comme peut sembler l'être la résilience. Le problème de fond est ailleurs, surtout si ces outils sont utilisés en tant que tels, en dépolitisant la question qui est celle de la prévention des risques de désastres.

BIBLIOGRAPHIE

Augendre M., 2008, *Vivre avec le volcan : une géographie du risque volcanique au Japon*, thèse de doctorat, Université de Lyon 2.

Bergson H., 1934/2013, *Introduction à la métaphysique*, Paris, Payot.

Birkmann J. (Éd.), 2006, *Measuring Vulnerability to Natural Hazards. Towards Disaster Resilient Societies*, Tokyo, United Nations University press.

Chemla G., Billot P. (Éd.), 2008, *L'environnement urbain à Colombo, diagnostic et enjeux*, Colombo, Asia pro eco.

CRED, 2016, Base de données EM-DAT, http://www.emdat.be.

Cumming G., 2011, *Spatial Resilience In Social-Ecological Systems*, Dordrecht, Springer.

Cutter S.L., Barnes L., Berry M., Burton C., Evans E., Tate E., Webb J., 2008, « A Place-Based Model For Understanding Community Resilience To Natural Disasters », Global Environmental Change, 18, pp. 598-609.

Cutter S.L., Zlatanova S., Ehrlich D., 2013, Welcome To The DATA Community of Practice, consulté en ligne le 11 janvier 2016, http://www.irdrinternational.org/projects/data/.

Dauphine A., Provitolo D., 2013, *Risques et catastrophes : observer, spatialiser, comprendre, gérer*, Paris, Armand Colin.

D'Ercole R., Metzger P., 2009, « La vulnérabilité territoriale : une nouvelle approche des risques en milieu urbain », Cybergeo, consulté en ligne le 11 janvier 2016, https://cybergeo.revues.org/22022, 2009.

Duncan C., Scherer S., Wade-Apicella S., 2014, HFA Thematic Review : Research Area 2. Priority for Action 3 - Core Indicator 1: Relevant Information On Disasters Is Available And Accessible At All

Levels, To All Stakeholders (Through Networks, Development Of Information Sharing Systems etc.), Background Paper prepared for the 2015 Global Assessment Report on Disaster Risk Reduction, consulté en ligne le 11 janvier 2016, http://www.preventionweb.net/english/hyogo/gar/2015/en/bgdocs/UNISDR,%202014c.pdf, Genève, UNISDR.

Dupont C., Pigeon P., 2008, *Le Haut-Rhône et son bassin-versant montagneux : pour une gestion intégrée des territoires transfrontaliers, Rapport de synthèse*, Chambéry, Institut de la montagne, 2008.

Gall M., Nguyen K., Cutter S.L., 2015, « Integrated Research On Disaster Risk : Is It Really Integrated ? », International Journal of Disaster Risk Reduction, 12, pp. 255-267.

García-Acosta V., 2005, *El riesgo como construccion social y la construccion social de riesgos*, Desacatos, 19, pp. 11-24.

Glantz M.H., 2015, The Antalya Statement - An Expert Forum On Disaster Risk Reduction (DRR) In A Changing Climate : Lessons Learned About Lessons Learned, USAID, CCB/CU, WMO, TSMS, avec le soutien de NOAA et GFDRR.

Gunderson L.H., Holling C.S. (Éd.), 2002, *Panarchy : Understanding Transformations In Human And Natural Systems*, Washington, Island Press.

Hardy S., 2013, *Atlas de la vulnérabilité de l'agglomération de La Paz*, Paris, IRD.

Kuhlicke C., Steinfuhrer A., 2010, *Social Capacity Building for Natural Hazards : A Conceptual Frame*, Cap-Haz net report, Leipzig, Helmholtz Centre for Environmental Research – UFZ.

Lavell A., Maskrey A., 2013, *The Future of Disaster Risk Management : An On-going Discussion*, UNISDR-FLACSO, consulté en ligne le 11 janvier 2016, https://www.unisdr.org/we/inform/publications/35715.

Lopez-Pelaes J., Pigeon P., 2011, « Co-evolution Between Structural Mitigation Measures and Urbanization in France and Colombia : A Comparative Analysis Of Disaster Risk Management Policies Based On Disaster Databases », Habitat International, 35, pp. 573-581.

Menoni S., Margottini C. (Ed.), 2011, *Inside Risk : A Strategy for Sustainable Risk Mitigation*, Berlin, Springer.

Mitchell T., Guha-Sapir D., Hall J., Lovell E., Muir-Wood R., Norris A., Scott L., Wallemacq P., 2014, Setting, Measuring and Monitoring Targets for Reducing Disaster Risk. Recommendations for Post-2015 International Policy Frameworks, London, Overseas Development Institute, consulté en ligne le 11 janvier 2016, http://www.odi.org/publications/8448-setting-measuring-monitoring-targets-disaster-risk-reduction-recommendations-post-2015-international-policy-frameworks.

Morin E., 2011, *Mes philosophes*, Paris, Germina.

Morin E., 2005, *Introduction à la pensée complexe*, Paris, Seuil.

Musset A., 2002, *Villes nomades du Nouveau Monde*, Paris, EHESS.

Nussbaum R., Pigeon P., 2015, « A National Public Private Partnership (PPP) Platform For Risk Data Sharing To Stimulate Participative Governance In France », UNISDR Scientific and Technical Advisory Group, Case Studies, consulté en ligne le 22 janvier 2016, http://www.preventionweb.net/files/workspace/7935_rnussbaumpppdrrinfrance.pdf.

Pigeon P., 2017, « Dike Risk : Revealing The Academic Links Between Disaster Risk Reduction, Sustainable Development, Climate Change And Migration », in Sudmeier-Rieux K., Fernández M., Penna I., Jaboyedoff I., Gaillard J.C. (ed), Identifying Emerging Issues In Disaster Risk Reduction, Migration, Climate Change And Sustainable Development. Shaping Debates And Policies, London, Springer.

Pigeon P., 2012, *Paradoxes de l'urbanisation. Pourquoi les catastrophes n'empêchent-elles pas l'urbanisation ?* Paris, L'Harmattan.

Pigeon P., 2010, « Catastrophes dites naturelles, risques et développement durable : Utilisations géographiques de la courbe de Farmer », Vertigo, 10, consulté en ligne le 11 janvier 2016, https://vertigo.revues.org/9491, 2010.

Rebotier J., Lopez-Pelaez J., Pigeon P., 2013, « Las paradojas de la resiliencia : miradas cruzadas entre Colombia y Francia », Territorios, 28, pp. 127-145.

Reghezza-Zitt M., Rufat S. (Éd.), 2015, *Résiliences. Sociétés et territoires face à l'incertitude, aux risques et aux catastrophes*, Croydon, ISTE.

Renaud F., Sudmerier-Rieux K., Estrella M. (Éd.), 2013, The Role Of Ecosystems In Disaster Risk Reduction, Tokyo, United Nations University Press.

Revault D'Allonnes M., 2002, *Le dépérissement de la politique. Généalogie d'un lieu commun*, Paris, Flammarion.

Sen A., 2009, *L'idée de justice*, Paris, Flammarion.

Shi P., Jaeger G., Ye Q., 2013, Integrated Risk Governance. Science Plan And Case Studies Of Large-scale Disasters, London, Springer.

Shi P., Kasperson R. (Éd.), 2014, *World Atlas Of Natural Disaster Risk*, New York, Springer.

Turner B., Kasperson R., Matson P., McCarthy J., Corell R., Christensen L., Eckley N., Kasperson J., Luers A., Martello M., Polsky C., Pulsipher A., Schiller A., 2003, « A Framework For Vulnerability Analysis In Sustainability Science », Proceedings of the national academy of sciences, 100, pp. 8074-8079.

UNISDR, Sendai Framework For Disaster Risk Reduction 2015-2030, 2015a, Genève, UNISDR, consulté en ligne le 11 janvier 2016, http://www.unisdr.org/we/coordinate/sendai-framework.

UNISDR, 2015b, Global Assessment Report On Disaster Risk Reduction. Making Development Sustainable : The Future Of Disaster Risk Management, Genève, UNISDR, consulté en ligne le 11 janvier 2016, https://www.unisdr.org/we/inform/publications/42809.

Weichselgartner J., Pigeon P., 2015, « The Role Of Knowledge In Disaster Risk Reduction », International Journal of Disaster Risk Sciences, 6, pp. 107-116.

White G.F., Kates R.W., Burton I., 2001, « Knowing Better And Losing Even More : The Use Of Knowledge In Hazard Management », Global Environmental Change Part B : Environmental Hazards, 3, pp. 81-92.

Wisner B., Blaikie P., Cannon T., Davis I. (dir.), 2004, At Risk, Natural Hazards, People's Vulnerability and Disasters, London, Routledge.

2

La résilience : Un concept abscons en cours de complexification et d'instrumentalisation

Béatrice **Quenault**

Introduction

D'ores et déjà doté d'une histoire riche (Folke, 2006), qui l'a parfois conduit à connaître des distorsions importantes au regard de sa définition initiale (Gallopin, 2006), le concept de résilience a connu des élargissements successifs : d'un sens étroit et technique en physique des matériaux ou dans les sciences de l'ingénieur (sciences de l'inanimé), la résilience revêt désormais une acception beaucoup plus large et métaphorique dans les sciences du vivant, que ce soit en écologie comme dans les sciences humaines et sociales (SHS). L'ouvrage de Walker et Salt (2006), *Resilience thinking : sustaining ecosystems and people in a changing world*, en suggérant qu'il serait possible de lui associer *une* pensée transcendant les approches disciplinaires, laisse à penser que la résilience aurait une signification univoque et qu'il serait possible, à partir d'une théorie générale des systèmes (Folke *et al.*, 2010), de l'opérationnaliser : ainsi conçue, la résilience autoriserait une gestion maîtrisée et intégrée, sinon optimale du moins soutenable, des systèmes socioécologiques complexes (Gunderson et Holling, 2002), permettant de réduire les risques de catastrophe. En réalité, si l'étymologie, globalement consensuelle, est très souvent sollicitée pour appuyer la définition de la résilience, reste que celle-ci, de même que la genèse scientifique (Tisseron, 2009 ; Klein *et al.*, 2003) et l'opérationnalité du concept, ne sont pas encore stabilisées – si tant est qu'elles puissent jamais l'être (Djament-Tran *et al.*, 2012). Du grand nombre de revues de la littérature écrites sur les significations, les applications et les fonctions du concept, il ressort l'absence d'une approche consensuelle de la résilience : suivant les auteurs, elle représente un concept tantôt descriptif tantôt normatif, un objet frontière ou un concept passerelle, un cadre d'analyse théorique ou un discours politique (Brand et Jax, 2007).

Du foisonnement d'usages par des disciplines variées (De Bruijne *et al.*, 2010), qui ne s'accompagne pas toujours d'une base théorique solide (Lhomme *et al.*, 2013), il résulte un caractère polysémique de la résilience, en particulier dans les SHS ; ce flou sémantique et théorique a conduit certains à se montrer circonspects à l'égard d'un usage de plus en plus passe-partout de la résilience, n'hésitant pas à la qualifier de « terme parapluie » (Gallopin, 2006), de « mot-valise » (Tisseron, 2009), de concept « fourre-tout » ou « éponge » (Thomas, 2008). Comment expliquer dès lors le fort engouement actuel pour un concept qui tend progressivement à supplanter, sinon dans les actions mais du moins dans les discours, ceux de vulnérabilité, d'adaptation ou encore de soutenabilité (Quenault, 2013) ? Cette question se pose d'autant plus que la résilience est encore non consolidée dans sa définition et qu'elle soulève de redoutables difficultés de théorisation comme d'opérationnalisation (Djament-Tran et Reghezza-Zitt, 2012 ; Rufat, 2012). L'adhésion ainsi suscitée tiendrait-elle à un pouvoir heuristique particulier de la résilience qui lui permettrait de dépasser les limites des autres concepts caractéristiques de la grille d'analyse des risques et de fonder un nouveau paradigme de la catastrophe pour mieux gérer les incertitudes (Quenault, 2016) ? Ou cet enthousiasme ne tiendrait-il pas plutôt à d'autres raisons, de nature plus politiques et donc idéologiques, permettant d'instrumentaliser la notion en la mettant au service d'un projet de société profondément néolibéral à contresens du développement durable dont il se réclame pourtant (*Ibid.*) ? Aussi le débat est-il âpre sur ce qu'est précisément la résilience, sur la pertinence de l'application du concept dans de nombreux champs scientifiques, en particulier dans les SHS, et les conséquences de son opérationnalisation dans un certain nombre de champs de politiques publiques.

Dans ce contexte, ce chapitre fait sienne la préoccupation de Serge Tisseron qui stigmatise « *ces mots qui polluent la pensée* » (Tisseron, 2003) et préconise de prendre du recul afin de savoir exactement de quoi l'on parle lorsqu'on emploie le terme de résilience, d'autant que ses définitions et usages sont à la fois moins précis et plus abstraits dans les SHS – qui procèdent largement par analogie et métaphore – que dans les sciences « dures ». La polysémie requérant un usage rigoureux des termes, ce chapitre expose ainsi dans un premier temps les problèmes définitionnels de la résilience, concept nébuleux et protéiforme, dont il analyse l'évolution sémantique et théorique, depuis son acception originelle étroite en science physique jusqu'à son appropriation extensive récente au sein des SHS sous l'influence des brèches ouvertes en écologie pour l'ancrer dans une approche systémique de la complexité. L'opérationnalisation de la résilience supposant au préalable d'expliciter les problèmes théoriques et les limites méthodologiques attachés à ses différentes acceptions, en portant une attention particulière aux contradictions inhérentes à certains emplois (Djament-Tran *et al.*, 2012), ce chapitre expose dans un second temps quelques-uns des écueils méthodologiques d'un usage passe-partout d'un concept nébuleux. Clarifier la signification et les usages de la résilience est important : si la recherche académique sur le sujet doit informer les pratiques et décisions politiques de quelque manière que ce soit dans des champs aussi cruciaux pour le bien-être humain et les perspectives de développement durable que la gestion des risques « naturels » ou humains, la sécurité civile, l'aide humanitaire d'urgence, l'aide publique au développement ou encore la planification en aménagement, alors la notion doit être robuste et avoir certains degrés d'évidence (Vogel *et al.*, 2007).

1. Des problèmes définitionnels d'un concept « nébuleux » et « protéiforme »

Alors que, pendant près de cinquante ans (durant la première moitié du XXe siècle), la résilience fut une notion relativement stabilisée et circonscrite pour l'essentiel à trois domaines scientifiques (science physique, écologie et psychologie), elle a, surtout depuis une dizaine d'années, connu des évolutions notables. La mobilisation (académique et opérationnelle) de la résilience s'est élargie au point d'en faire un concept interdisciplinaire incontournable à la croisée de nombreux champs de réflexion et d'action. La polysémie du concept n'est pas en soi problématique et peut même se révéler féconde en termes de questionnements heuristiques et méthodologiques (Folke, 2006) grâce à l'intentionnalité transversale et convergente qui la caractérise (Koffi, 2010). En revanche, des difficultés peuvent apparaître dès lors que cette polysémie semble légitimer un flou sémantique susceptible de déboucher sur des impasses à la fois théoriques et opérationnelles (Djament-Tran *et al.*, 2012).

1.1. Des difficultés de définition d'un concept polysémique

Les définitions de la résilience dépendent en bonne partie du modèle épistémologique de référence et du contexte dans lequel elle est étudiée. Entendue dans le langage courant comme la résistance au changement par analogie avec la physique mécanique où elle puise ses racines, elle s'emploie aujourd'hui dans les SHS essentiellement comme une métaphore (Carpenter *et al.*, 2001), notamment lorsqu'elle s'applique à des entités complexes telles que des territoires, des organisations ou des communautés humaines. L'étymologie en précise le sens (Tisseron, 2009) : dérivé du mot latin *resilire* (faire un bond en arrière), construit à partir du verbe « *salire* » (sauter, bondir) et du préfixe « *re* » qui indique la répétition, elle renvoie à la capacité d'un système à « rebondir » (à revenir à son état antérieur) après une perturbation (*Ibid.*). Au Moyen Âge, le terme est utilisé en français en retenant l'idée de saut en arrière ou de retour à l'origine dans le droit fil du vocable de « résiliation » qui signifie « se délier d'obligations préalablement contractées et s'en libérer »; c'est toutefois la traduction anglaise du XVIIe siècle qui, retenant le participe présent du mot latin *resiliens*, lui conférera son sens actuel de « rebond » en réaction à un choc (*Ibid.*) (Figure 1).

***Figure 1.** La résilience : Une étymologie pour une double signification*

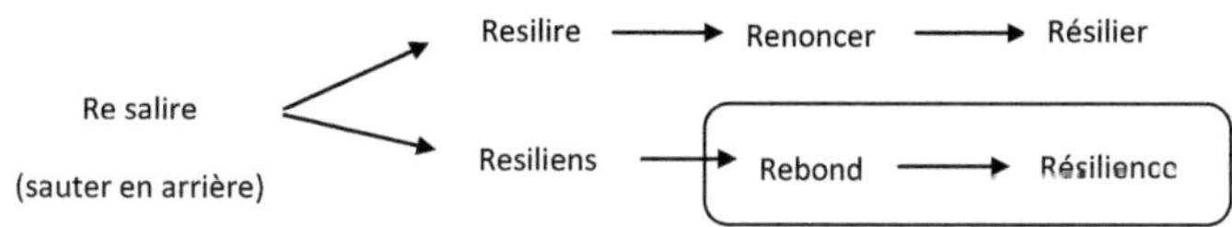

Source : B. Quenault (d'après Tisseron, 2009)

Si les scientifiques s'accordent généralement, en première analyse, sur l'idée de rebond qu'implique l'étymologie, la définition exacte de la résilience est toutefois loin de faire l'unanimité. L'idée même de rebond est d'ailleurs désormais ambiguë : si certains l'associent à un rebond en arrière du système étudié (i.e. stabilité ou retour à l'état initial), d'autres l'associent à un rebond en avant de celui-ci (i.e. instabilité ou changement d'état).

La résilience, devenue un concept polysémique, fait ainsi l'objet d'un foisonnement de définitions (de Bruijne *et al.*, 2010), dessinant un large spectre d'acception suivant la famille académique où elle s'inscrit, qu'il s'agisse des sciences physiques et écologiques ou des SHS. Pas moins d'une dizaine de définitions a, par exemple, été repérée et catégorisée selon le degré de normativité sous-jacent (Brand et Jax, 2007) et plus d'une quinzaine de perspectives différentes sur le changement climatique et les catastrophes naturelles a été recensée par les chercheurs de l'*Institute of Development Studies* (Bahadur *et al.*, 2010). Cette diversité se retrouve parfois au sein d'une même discipline, comme dans le champ de la géographie de l'environnement et des risques qui mobilise de plus en plus la résilience en lien avec les dynamiques d'urbanisation. Ne serait-ce qu'en matière de résilience urbaine aux risques « naturels »[1], il existe ainsi toute une palette de définitions mobilisées. La définition systémique (et générique), d'inspiration écologique, de Gunderson et Holling (2002)[2] fonctionnant pour tous les systèmes, y compris la ville conçue comme un système socioécologique complexe coexiste ainsi avec des définitions plus spécifiques : celles-ci sont tantôt d'inspiration ingénieuriale, centrées sur les particularités des villes et de leurs réseaux (Lhomme *et al.*, 2013), tantôt d'inspiration territoriale ou sociospatiale, se situant dans la continuité des travaux sur la vulnérabilité axés sur la capacité de réponse des sociétés face à des événements préjudiciables (Campanella, 2006 ; Pelling, 2003).

1.2. Un vocable abstrait et métaphorique difficile à saisir et à maîtriser

Suffisamment abstraite et malléable, la résilience s'est diffusée dans de nombreuses disciplines allant des sciences dures ou naturelles aux SHS où elle nourrit désormais de nombreux champs de recherche-action interdisciplinaires. À la faveur de sa diffusion en dehors de ses disciplines d'origine, de ses extensions successives, et surtout de son inscription dans le champ des approches systémiques de la complexité, la notion s'est elle-même complexifiée pour devenir multidisciplinaire, multi-entitaire et multiscalaire (Figure 2).

1. Le terme naturel est placé entre guillemets pour souligner le caractère désormais anthropisé des risques liés aux aléas naturels.

2. Selon eux, la résilience désigne « l'ampleur des changements qui peut être absorbée avant que le système change sa structure en changeant les variables et les processus qui contrôlent son comportement » (Gunderson et Holling, 2002, n.t.).

Figure 2. *La résilience, un concept multidisciplinaire et évolutif, complexe à saisir*

Un concept utile mais complexe à saisir et à opérationnaliser

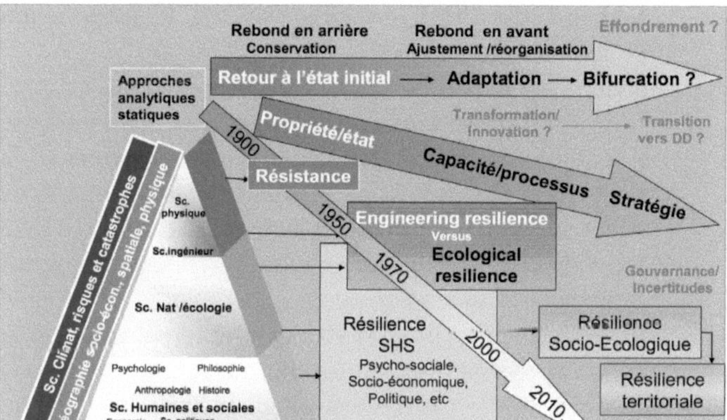

Source : B. Quenault

Au sein de la littérature scientifique, d'une définition initiale très technique et étroite signifiant la résistance d'un corps (au sens physique du terme) à une rupture due à un choc brutal externe (renvoyant aux 3 cercles les plus étroits de la Figure 3 ci-dessous), la résilience s'est peu à peu diluée à un triple point de vue (la résilience *de quoi ou de qui,* la résilience *à quoi,* et la résilience *pourquoi et comment*) et, à chaque fois, suivant trois vagues d'extension successives (représentées par l'élargissement des cercles concentriques dans la Figure 3) :

- Tout d'abord, au sujet de ce sur quoi elle porte (*la résilience de quoi ou de qui*), elle s'est vue progressivement appliquée à différentes entités ou « corps » de plus en plus diffus, composés et/ou complexes (objets, sujets, systèmes) (Juffé, 2013) ; qu'il s'agisse d'artefacts inertes ou vivants, de

« sujets » naturels ou humains[3] ou de systèmes socioécologiques, la résilience est désormais considérée comme pouvant se manifester à divers niveaux d'« agencement » – de l'individu à la communauté, la nation ou la société humaine dans son ensemble, voire à la planète tout entière.

- Ensuite, au regard de ce par rapport à quoi elle se manifeste (*la résilience à quoi*), la résilience a eu aussi tendance à se diluer davantage (Juffé, 2013) pour concerner en fin de compte tous les cas de résistance puis de rebond (en avant ou en arrière suivant les auteurs) aux multiples situations de perturbation ou de crise (physiques, chimiques, biologiques, psychologiques, économiques, politiques, etc.) déclenchées par des chocs tant internes qu'externes, qu'il s'agisse de chocs brusques/majeurs (aléas discrets comme dans le cas des aléas météorologiques extrêmes par exemple) ou lents/diffus (aléas continus ou progressifs comme le changement climatique), de chocs à caractère « naturel » ou anthropique, intentionnel ou non (conflits armés, actes malveillants, chocs psychologiques traumatisants, catastrophes technologiques ou naturelles, changement environnemental,...).
- Enfin, concernant ce qu'elle permet de manifester ou de réaliser (*la résilience pourquoi et comment*), tout en conservant l'idée de capacité d'absorption liée à la résistance d'un corps à un choc brutal (*résilience physique*), la résilience en tant que propriété d'un système (voir *infra* au point II.2 la typologie de la résilience en tant que qualité intrinsèque) s'est dans un premier temps étendue à la capacité à faire face d'un organisme, i.e. sa capacité à se « réparer » ou à se « reconstruire » après un choc brutal (résilience réactive *ex post* de retour à la normale) ; héritée de l'écologie traditionnelle, cette 2e forme de résilience est nommée *résilience ingénieuriale* par Holling

3. Ce vocable s'applique désormais aux matériaux, infrastructures, écosystèmes, villes, territoires, organisations, communautés, individus, systèmes politiques, etc.

(1996). Ensuite, l'appréhension de la résilience s'est encore élargie pour désigner également la capacité d'un organisme, d'un groupe ou d'une structure à répondre à un choc plus ou moins soudain ou intense, autrement dit à s'adapter à un environnement changeant (résilience proactive *ex ante* de 1er ordre) ; cette 3e forme de *résilience* dite *adaptative*, née de l'écologie moderne, est qualifiée par Holling (1996) de *résilience écologique*. Pour finir, à l'issue d'une troisième extension de sa portée, la résilience peut aussi s'entendre comme recouvrant la capacité d'un système à se transformer, à bifurquer pour éviter de futures catastrophes (résilience proactive *ex ante* de 2nd ordre) ; cette 4e forme de résilience, issue des travaux systémiques récents qui tentent de concilier les approches de l'écologie scientifique et celles des SHS, est désignée par l'expression de *résilience transformative ou socioécologique*.

Cette triple évolution lexicale, y compris au sein des disciplines « sources » de la résilience, a indéniablement contribué à diluer le concept, dont les contours semblent de moins en moins précis et les usages de plus en plus abstraits (Juffé, 2013), les auteurs parlant de « la résilience » sans toujours préciser de quelle résilience il est question, évacuant du même coup les trois questions fondamentales : résilience de quoi/de qui, à quoi, et pourquoi (Carpenter *et al.*, 2001).

Figure 3. *La triple évolution lexicale de la résilience*

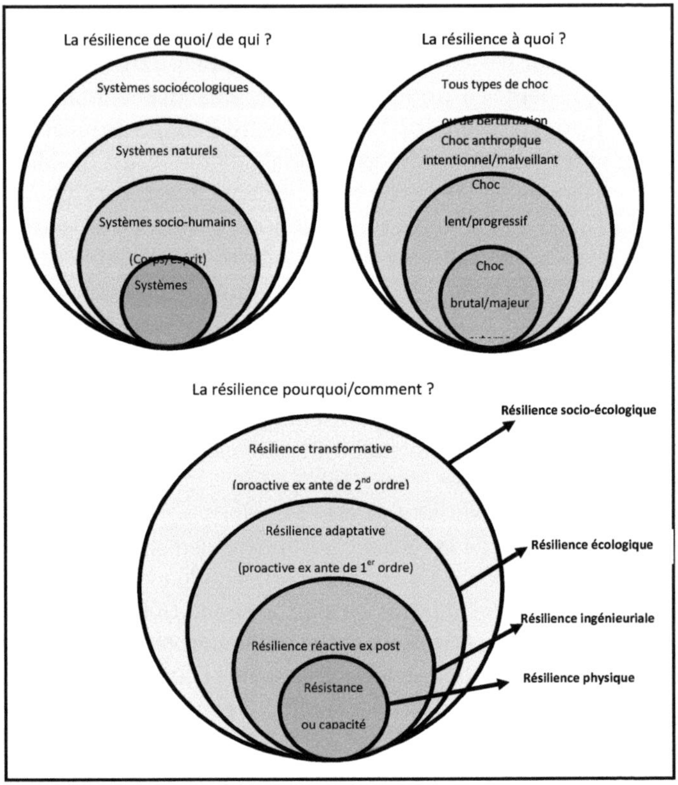

Source : B. Quenault

1.3. Un concept interdisciplinaire et systémique en cours de complexification

Initialement, la résilience était perçue comme la propriété statique d'un système (résilience-état) au sein des approches analytiques des sciences physiques ou de l'ingénieur et de l'écologie traditionnelle qui s'est largement inspirée de leur méthodologie statique et quantitative fondée sur la causalité linéaire. Ces premières définitions disciplinaires mettaient l'accent sur la capacité de résistance (ou d'absorption) et de récupération (temps de retour à la « normale ») d'un système, autrement dit sur sa capacité de « faire face » à un choc pour revenir à son état initial (idée de conservation ou de rebond en arrière). Désormais, elle est devenue, dans son acception systémique contemporaine issue des travaux précurseurs de Holling (1973) en écologie, une capacité dynamique (résilience-processus) pouvant faire l'objet dans l'optique de la gestion des risques de catastrophe de stratégies d'amélioration planifiées, autrement dit d'une « gouvernance adaptative » *ex ante*. Les théories de la complexité soulignant la contingence et les propriétés évolutives non linéaires des systèmes complexes, la résilience en tant qu'approche de la gestion des systèmes se définit donc notamment en termes d'amélioration de la capacité d'apprentissage et de la « capacité adaptative » (Welsh, 2014). La résilience d'un système « serait dès lors sa capacité à maintenir sa structure même lorsque le système est amené à quitter son état d'équilibre (ou son bassin d'attraction) originel, c'est-à-dire à passer de simples ajustements à de véritables adaptations » (Dron, 2013, p. 13). Dans un contexte d'incertitudes, d'interdépendances croissantes et de changement environnemental global, l'approche systémique contemporaine s'affranchit de la question des « capacités de faire face » (retour à l'équilibre) pour s'intéresser aux « capacités de réponse », au fonctionnement et aux interactions d'un système avec ses sous-systèmes et son méta-système (Morin, 2014), aux notions de renouvellement, de réorganisation (Holling, 2002), d'émergence (idée d'adaptation ou de rebond en avant), voire de transformation ou de bifurcation, inhérentes aux dynamiques des systèmes adaptatifs (Quenault, 2016).

Au fil de cette évolution, la résilience est elle-même devenue un phénomène complexe, dynamique au terme d'un processus en trois étapes : elle est passée successivement d'une simple variable d'état de court terme (qualité ou propriété statique de résistance d'un corps) face à un choc (i.e. un aléa discret) à une aptitude de moyen terme à mobiliser instantanément des défenses efficaces en cas de crise et « à mieux » se reconstruire après (capacités de récupérer, de rebondir en avant pour mettre fin à la situation de crise et assurer le retour à un fonctionnement « normal » ou socialement satisfaisant) pour désigner, enfin, l'aptitude à opérer un processus d'adaptation/ajustement permanent se déployant dans le temps long face à des conditions (environnementales) changeantes. En quelques années, la résilience est ainsi passée « de la désignation d'un rebond observé au postulat d'une capacité de rebondir, pour signifier enfin la capacité de mobiliser instantanément des défenses efficaces en cas de stress » (Tisseron, 2013, p. 17).

Ainsi, d'un concept limité au départ à l'observation d'un « rebond » *ex post* (résilience réactive ou post-catastrophe), la résilience renvoie désormais au postulat d'une capacité de rebondir « fabricable » *ex ante* grâce à l'adoption d'une stratégie d'adaptation (incrémentale) permanente, voire de transformation plus radicale si les conditions environnementales l'imposent (résilience proactive ou précatastrophe, se déclinant elle-même en résilience adaptative ou transformative) ; la résilience peut être dès lors considérée comme un concept englobant l'ensemble des mesures prises pour réduire les risques avant, pendant et après la crise en vue d'éviter de futures catastrophes (Quenault, 2013). Dans ce cadre, la résilience est parfois présentée comme un instrument de politique de gestion des risques consistant à ne plus lutter (résister) contre l'aléa, mais à s'adapter à celui-ci afin d'en réduire les impacts négatifs au minimum. La plupart des approches qui mobilisent la résilience, bien que disparates, ont d'ailleurs en commun une préoccupation formulée en termes de réponse à des changements indésirables. Pour presque tous ceux qui s'en emparent, la résilience véhicule en effet une perspective qualitative positive fondée sur la résistance, le dépassement ou le rebond face aux crises, permettant de valider ou d'invalider un schéma social prédictif (Koffi, 2014).

2. Des écueils méthodologiques d'un usage passe-partout d'un concept « nébuleux »

Dans un monde de complexité et de contingence, d'incertitudes, de relations, de flux et de mutabilité, les cadres théoriques qui permettent de saisir cette complexité sont séduisants (Welsh, 2014). La résilience est l'une de ces théories qui a récemment pris de l'importance comme moyen de comprendre et de gérer les systèmes complexes, les processus et les effets des changements sur eux. Le tournant de la complexité dans les SHS, y compris en géographie et en aménagement, a fourni un lit fertile pour permettre à la théorie de la résilience de s'épanouir. Ce terme est tellement utilisé dans le langage courant, gestionnaire, institutionnel et politique, et parfois dans des domaines et avec des usages si inattendus que certains le qualifient de concept galvaudé et questionnent maintenant son bon emploi (Juffé, 2013 ; Tisseron, 2013). La résilience, parée de presque toutes les vertus pour ceux qui l'érigent en sorte de panacée universelle face aux incertitudes et aux crises d'un monde ressenti comme anxiogène (Quenault, 2016) possède aussi ses détracteurs qui s'inquiètent de la dilution du concept et y voient davantage un problème supplémentaire qu'une solution universelle à tous les maux de l'existence. La résilience, tour à tour et indistinctement normative ou instrumentale, reste doublement nébuleuse (Djament-Tran et Reghezza-Zitt, 2012) : mobilisée comme norme à atteindre, ni son contenu, ni les raisons de son existence en tant que telle ne sont précisées ; mobilisée comme instrument pour atteindre des objectifs précis de réduction de la vulnérabilité ou d'amélioration de la capacité d'adaptation face au changement climatique et à ses impacts, peu d'éléments sont fournis sur le fonctionnement de cet outil. Le recours à la résilience servant de prétexte à des injonctions parfois contradictoires ou se résumant à une sorte d'utopie discursive inatteignable, le concept peut finir par se révéler « inopérant » (*Ibid.*), au point que certains chercheurs ont pu le juger trop vague pour être utilisé dans une démarche de réduction des risques (Manyena, 2006).

2.1. Des risques de galvaudage du concept de résilience

Nombre d'observateurs récusent l'extension du terme de résilience qu'ils qualifient de « nébuleux » et dont l'emploi trop extensif en fait « un but à atteindre, une solution miracle à tous les problèmes rencontrés par une quelconque société » (Juffé, 2013, p. 8). À la frontière de la réflexion et de l'action, c'est cette préoccupation qui autorise d'ailleurs l'application du concept (dans sa version systémique contemporaine) dans des domaines aussi divers que la gestion et la conservation des ressources naturelles, la gestion des risques et des catastrophes naturelles, l'archéologie, l'adaptation au changement climatique ou environnemental, la psychologie et le développement humain, ou plus récemment, les travaux d'analyse financière, de planification urbaine durable, de transition écologique vers des villes post-carbone, de sécurité civile, d'aide humanitaire d'urgence ou d'aide publique au développement. La résilience « systémique » se rencontre aussi de plus en plus fréquemment en géographie en tant que moyen d'imaginer des géographies urbaines, régionales et économiques avec un emploi désormais accentué par la problématique de la gouvernance du changement climatique, en particulier au sein des villes. Dans le champ de la géographie des risques et de l'environnement, le « tournant social » (Brown, 2013) de la résilience soulève ainsi à la fois l'enthousiasme, compte tenu de sa large applicabilité (Davoudi, 2012), et des craintes au sujet de ses implications politiques et idéologiques (MacKinnon et Driscoll Derickson, 2012).

Dans la littérature scientifique, la résilience souffre, à l'instar d'autres concepts auxquels elle est inextricablement liée, d'un « trop-plein sémantique » : toute une nébuleuse de concepts afférents gravite autour de la résilience (adaptation, vulnérabilité, soutenabilité ou durabilité, etc.); la vaste palette de notions (Santens et Villar, 2014) auxquelles la résilience est étroitement associée en complexifie d'autant la compréhension qu'il existe des tensions entre ces notions connexes (aux définitions elles aussi non stabilisées), dont chacune infléchit le sens et la portée du concept (Djament-Tran *et al.*, 2012), tout en entretenant avec lui des liens ambigus suivant le champ de littérature mobilisé et les préoccupations considérées (Folke, 2006) (Figure 4).

Figure 4. *De diverses acceptions et dimensions de la résilience*

Source : Santens et Villar (2014)

Au fil de ses déploiements épistémiques, la résilience, envisagée comme transversale et interdisciplinaire, est ainsi devenue un concept « passerelle » (Davoudi, 2012) et quelque peu paradoxal : permettant de « faire le pont » entre les extrêmes (du monde statique de l'inerte à celui dynamique du vivant, de l'infiniment petit à l'infiniment grand, etc.) et d'articuler différentes échelles spatio-temporelles (le court et le long terme, l'avant et l'après-crise, le global et le local) et diverses disciplines (aménagement, anthropologie, économie, géographie, gestion, sociologie, etc.), elle tend aussi à associer les « contraires » (la flexibilité et la robustesse, la redondance et l'efficacité, la stabilité et le changement, etc.). Pour être résilient, un système se doit d'être simultanément redondant, diversifié et efficace, autonome et collaboratif (donc interdépendant), fort, flexible et adaptable, capable d'apprendre du passé et d'anticiper les incertitudes du futur, etc., ce qui est à chaque fois contradictoire et ne permet pas de dégager des solutions satisfaisantes tant du point de vue heuristique qu'opérationnel (Djament-Tran *et al.,* 2012). Dès lors, les diverses disciplines qui s'emparent du vocable de résilience, définissent et appliquent la notion de manière différente, voire parfois inconciliable, inconsistante ou incohérente (*Ibid*). Le passage de la théorie à la pratique conduit ainsi à une altération du concept, chacun infléchissant la résilience pour l'adapter à son objet, à ses problématiques, etc. Des tensions se manifestent également entre points de vue normatifs, quantitatifs et descriptifs, particulièrement lorsqu'il s'agit d'appliquer la notion à des systèmes socioécologiques complexes, conçus comme des réseaux d'acteurs entretenant des relations complexes et s'auto-organisant naturellement (*Ibid.*).

2.2. Des écueils méthodologiques dans les tentatives d'opérationnalisation du concept

Les emprunts et les transferts disciplinaires se heurtent par conséquent à des écueils méthodologiques redoublés par les difficultés éprouvées lorsque l'on cherche à rendre la résilience opérationnelle pour la gestion des risques (Pigeon, 2012). Une fois encore, on est ici confrontés à deux acceptions de la résilience, certes liées, mais qui relèvent de postures méthodologiques contrastées avec des implications théoriques non univoques (Djament-Tran *et al.*, 2012). Pour certains, la résilience représente à la fois un *processus* (dynamique) inscrit dans la durée, qui possède ses temporalités et ses rythmes propres, et un *état* (statique), signifié par l'adjectif résilient (*Ibid.*). Décréter qu'un système ou un enjeu (ce à quoi l'on tient et qu'il s'agit de préserver) s'est montré résilient revient à acter *a posteriori* le fait qu'il a su se maintenir malgré un choc et surmonter la crise qui en a résulté. Il s'agit alors de rendre compte du processus ayant conduit à cet état de résilience suivant une perspective *diachronique* à partir d'un raisonnement sur le temps long (*Ibid.*). Pour d'autres, la résilience est une *propriété*, une *qualité intrinsèque* d'un système ou d'un enjeu, une *capacité* qui se manifeste au moment du choc tout en étant d'ores et déjà présente antérieurement (*Ibid.*). On change alors radicalement de perspective puisqu'on ne se concentre alors ni sur le résultat, ni sur le choc, mais sur le système ou l'enjeu à préserver avec un rapport au temps différent : ainsi érigée en qualité (qu'elle soit innée ou acquise), en tant que potentiel préexistant au choc et révélé par ce dernier, la résilience devient en quelque sorte *achronique* et s'affranchit du constat *a posteriori* : un système ou un enjeu peut être résilient en toute ignorance. La capacité de résilience étant explicable par de multiples facteurs (biophysiques, sociaux ou spatiaux), une fois ceux-ci identifiés, on peut dès lors adopter une démarche prospective (i.e. opérationnelle) pour améliorer le potentiel de résilience du système considéré (*Ibid.*). Quelle que soit celle de ces deux perspectives que l'on adopte, on se heurte irrémédiablement à de redoutables difficultés d'opérationnalisation de la résilience.

Lorsqu'elle est perçue comme un processus débouchant sur un état (de résilience), relevant du constat, de l'appréciation d'un tiers, les critères et les jugements de valeur permettant de dire si le système est ou non résilient devront être établis (échelle de temps, etc.) et se pose alors la question de la nature et des seuils des changements qualitatifs qui permettent de parler (ou non) de résilience (*Ibid.*). Or, au sein de la littérature sur le sujet, il n'y a guère d'accord sur la correspondance entre le degré de stabilité ou à l'inverse de transformation d'un système suite à un choc et l'état de résilience, ces points d'achoppement étant directement importés des controverses qui animent l'écologie (Klein *et al.*, 2003). Pour certains auteurs, il n'existe pas d'opposition radicale entre bifurcation et résilience, la flexibilité et l'ouverture étant consubstantielles au processus de résilience (Provitolo, 2009). Pour d'autres, au contraire, la résilience signifie la stabilité du système, avec là encore des différences d'interprétation : certains assimilent cette stabilité au maintien du système sans changement, là où d'autres l'entendent comme une adaptation différentielle des composantes du système, avec une transformation de certains éléments et la persistance d'un noyau invariant, dont les contours restent à définir (Djament-Tran *et al.*, 2012).

La définition qui fait de la résilience une *propriété* est tout aussi équivoque (*Ibid.*) étant donné que l'idée de qualité intrinsèque (reflétée par l'usage des termes d'aptitude ou de capacité) se décline d'une quadruple manière dessinant une sorte de typologie de la résilience (voir *supra*, Figure 3) :

- La résilience (physique) en tant que *capacité de résister* à un aléa, par transposition de la notion de résistance d'un matériau héritée de la physique mettant en avant l'idée d'*élasticité* ou de *plasticité* d'un corps subissant un choc brutal, s'oppose à l'idée de perte et d'endommagement sous-tendus par la vulnérabilité (physique) issue des travaux de sciences physiques et d'ingénierie dans le champ des risques.

- La résilience (ingénieuriale), héritée de l'écologie « traditionnelle » et qualifiée d'« *engineering resilience* » par Holling (1996), en tant que *capacité de faire face* d'un système soumis à une perturbation, c'est-à-dire comme capacité de perdurer *sans se transformer* malgré le choc (Provitolo, 2009), renvoie à l'idée de *rebond en arrière* ou de *stabilité* du système.
- La résilience (écologique ou adaptative), héritée de l'écologie « moderne » initiée par les travaux précurseurs de Holling (1973), représente la *capacité de répondre* d'un système à une perturbation ; cette résilience, qui « fournit les composants pour le renouvellement et la réorganisation » (Holling, 2002), illustre la capacité des individus, des communautés ou des systèmes sociétaux de récupérer ou de se reconstruire en mieux ; elle est alors associée à l'idée de *rebond en avant* ou d'*adaptabilité,* formalisée à partir des années 1970, notamment dans les travaux de géographie des risques focalisés sur la vulnérabilité sociétale (reflétant un manque de capacité d'adaptation) (Manyena, 2006).
- La résilience (socioécologique ou transformative), issue des travaux systémiques de la complexité, reflète une capacité de transformation ou de bifurcation des systèmes, notamment par anticipation de menaces futures, qui se réfère non plus tant à la capacité d'adaptation et d'apprentissage (des événements passés) qu'à celle d'innovation radicale pour amorcer leur transition socioécologique et tendre vers des trajectoires de développement soutenable.

Ces quatre visions de la résilience en tant que propriété ne sont pas toujours compatibles et suscitent des débats très virulents et loin d'être tranchés (Djament-Tran *et al.*, 2012), notamment concernant les liens entre résilience et résistance.

Conclusion

Si la résilience suscite l'enthousiasme dans de nombreuses sphères de réflexion et des politiques publiques (notamment dans le champ de la sécurité civile, de l'aide humanitaire ou publique au développement), on l'a vu, les écueils méthodologiques se multiplient autour d'un concept abscons en cours de complexification. Mais surtout, si le feu des critiques est particulièrement nourri, c'est que la résilience est aussi un concept en cours d'instrumentalisation politique, qui le rend potentiellement dangereux à un triple titre.

En premier lieu, la résilience apparaît conservatrice par nature en vertu de ses racines écologiques (Lallau, 2014) – y compris dans sa version systémique contemporaine mettant en avant la capacité de maintien des fonctions, identités et structures essentielles du système en cas de choc. Le cycle adaptatif véhicule en définitive la conception d'un système retrouvant automatiquement son équilibre suite à une perturbation grâce à un processus adaptatif auto-organisé et aux interactions transcalaires de la « Panarchie » (Gunderson et Holling, 2002). L'idée même de crise se trouve de ce fait évacuée pour laisser place à de nécessaires et spontanés ajustements, à des processus d'adaptation permanents pour conserver l'intégrité et l'identité du système (Lallau, 2014). On perçoit le potentiel très conservateur de l'application d'un tel schéma au social (Walker et Cooper, 2011) et le risque qu'il y aurait à ne plus pouvoir penser le développement autrement que comme une perturbation affectant les fondements du système initial (Lallau, 2014). Bien que les travaux récents aient tenté d'éviter cet écueil immobiliste, en incluant la capacité de se transformer comme caractéristique d'un système résilient (Walker *et al.*, 2004) et en associant le cycle adaptatif à des éléments d'une théorie de la structuration inspirée des travaux de Giddens (Pelling et Manuel-Navarette, 2011), ces efforts ne font pas pour autant de la résilience un concept « progressiste » ou « structuraliste » (Lallau, 2014).

Ensuite, la résilience participe d'une vision essentiellement individualiste du social en vertu cette fois-ci de ses racines psychosociales centrées sur les capacités de l'individu à faire face à un traumatisme (Lallau, 2014). D'où le soupçon qu'elle ne soit qu'un nouvel avatar de la pensée néolibérale, un instrument de « biopouvoir » au sens foucaldien (Walker et Cooper, 2011) visant à gouverner non plus tant les risques et leurs facteurs sous-jacents que les comportements des populations pour faire émerger ce « héros » post-moderne que serait l'individu résilient (Joseph, 2013). Une telle approche se fonde sur « le mythe du pauvre résilient » (Lallau, 2014), en laissant penser qu'un individu vivant dans un dénuement extrême serait toujours capable de « rebondir » en mobilisant ses capacités et ressources internes sans qu'il soit nécessaire de s'attaquer aux inégalités et aux rapports de domination (*Ibid.*). Béné *et al.* (2012) relèvent ainsi qu'aucune des multiples définitions proposées de la résilience ne se réfère aux questions de pouvoir et de processus politique. La critique est certes désormais à nuancer face aux diverses tentatives de construction d'une approche moins techniciste et plus politique de la résilience, qu'elles mettent l'accent sur la question du respect des droits humains fondamentaux ou sur la nécessité d'intégrer les causes systémiques de vulnérabilité en amont des programmes pro-résilience (Pasteur, 2010), de lier plus explicitement résilience et pouvoir (Frankenberger *et al.*, 2007) et d'insister sur les déterminants structurels de la capacité d'action des individus (Bottrel, 2009). Reste que ces efforts, très minoritaires et épars au sein de l'abondante littérature récente, peinent à renouer avec les fondements structuralistes des analyses de vulnérabilité (Lallau, 2014).

Enfin, c'est le principe normatif d'« assignation à résilience » de la société civile, à la fois double et contradictoire, qui est mis en accusation en ce qu'il interroge les grilles d'analyse de l'action collective de la gestion des risques (Lallau, 2014). D'une part, elle renvoie les populations locales à leur responsabilité individuelle (Joseph, 2013) pour assurer leur propre sécurité et leur développement : puisqu'elles disposent de capacités d'action, il leur revient de les mobiliser pour faire face à leurs difficultés, première forme d'injonction, qui recèle elle-même un double danger, celui d'une illusion et d'un alibi (Lallau, 2014). La croyance que les individus ou les communautés pauvres pourront trouver en leur sein les ressorts nécessaires pour affronter et surmonter l'adversité est une illusion qui fournit un alibi commode pour légitimer la faiblesse, voire l'absence, de l'intervention publique (extérieure ou étatique). Ainsi conçues les stratégies de résilience (prônées par les États ou les bailleurs de l'aide internationale) renouent pleinement avec le sens originel du concept désignant la résiliation d'un engagement, ici celui du contrat social des États à l'égard des populations. C'est ainsi que la résilience est le prétexte à une seconde forme d'injonction : de l'exhortation des individus à être résilients, les acteurs politiques ou institutionnels (notamment les agences internationales d'aide) s'autoérigent en *coach* de « développement personnel » visant à expliquer aux populations ou aux communautés locales comment devenir résilientes pour mieux se préparer aux futurs chocs au travers d'une approche « boîte à outils » recensant les « bonnes pratiques » à dupliquer par les communautés et à implanter au sein des systèmes socioécologiques (Bahadur *et al.*, 2010). Cette vision des choses contribue non seulement à dépolitiser mais aussi à « remoraliser » les catastrophes (Rufat, 2012) : des catastrophes lentes comme le problème récurrent de la faim dans le monde ne seraient pas dues aux risques naturels et encore moins aux structures économiques et sociales productrices de vulnérabilité, mais résulteraient des mentalités d'assistés, des comportements inappropriés des populations ou des autorités locales, qu'il conviendrait de faire évoluer et d'éduquer aux risques (Lallau, 2014).

Ainsi instrumentalisée, la résilience n'est-elle pas en définitive un moyen de relégitimer, à contresens du développement durable, un modèle à la fois générateur d'exclusion, de misère et d'inégalités sociales et prédateur et perturbateur pour les cycles biogéochimiques de la biosphère (Quenault, 2016) ? En fin de compte, une des questions essentielles à se poser dans le contexte actuel de débat autour de la transition socioécologique est de savoir si la résilience peut être une option politique pertinente face aux risques climatiques émergents et, si oui, à quelles conditions ? Les dimensions politiques non neutres de la sécurité et de la soutenabilité du développement abordées au prisme de la résilience devraient alimenter ce débat important pour les sciences humaines et sociales.

BIBLIOGRAPHIE

Adger W.N., 2000, « Social and ecological resilience : are they related? », *Progress in Human Geography*, 24, pp. 347-364.

Bahadur A.V., Ibrahim M., Tanner T., 2010, « The resilience renaissance ? Unpacking of resilience for tackling climate change and disasters », *Strengthening Climate Resilience Discussion Paper,* 1, Institute of Development Studies (IDS), community.eldis.org/.59e0d267/resilience-renaissance.pdf.

Béné C., Godfrey Wood R., Newsham A., Davies M., 2012, « Resilience : new utopia or new tyranny ? Reflection about the potentials and limits of the concept of resilience in relation to vulnerability reduction programmes », *IDS Working Paper*, 405, September, 61 p.

Bottrell D., 2009, « Understanding "marginal" perspectives : towards a social theory of resilience », *Qualitative Social Work*, 8(3), pp. 321-339.

Brand F.S., Jax K., 2007, « Focusing the meaning(s) of resilience : resilience as a descriptive concept and a boundary object », *Ecology and Society,* 12(1), art. 23, www.ecologyandsociety.org/vol12/iss1/art23.

Brown K., 2013, « Global environmental change I : a social turn for resilience ? », *Progress in Human Geography,* 38(1), published online 1 August 2013, pp. 107-117, DOI : 10.1177/0309132513498837.

Campanella T.J., 2006, « Urban resilience and the recovery of New Orleans », *Journal of the American Planning Association*, 72(2), pp. 141-146.

Carpenter S., Walker B., Anderies M.J., Abel N., 2001, « From metaphor to measurement : resilience of what to what ? », *Ecosystems*, 4(8), pp. 765-781.

Davoudi S., 2012, « Resilience : a bridging concept or a dead end ? », *Planning Theory and Practice*, 13(2), pp. 299-333, DOI : 10.1080/14649357.2012.677124

Djament-Tran G., Le Blanc A., Lhomme S., Reghezza-Zitt M. et Rufat S., 2012, « Ce que la résilience n'est pas, ce qu'on essaye de lui faire dire », hal-00679293, version 1, 15 mars 2012, 32 p., *https://hal-ens.archives-ouvertes.fr/docs/00/67/92/93/PDF/...*

Djament-Tran G., Reghezza-Zitt M., 2012, *Résiliences urbaines : Les villes face aux catastrophes*, Paris, Le Manuscrit, coll. « Fronts pionniers ».

De Bruijne M., Boin A., Van Eeten M., 2010, « The Rise of Resilience », *in* Comfort L.K., Boin A., Demchak C. (Eds), *Designing Resilience. Preparing for Extreme Events*, Pittsburgh, University of Pittsburgh Press, pp. 13-32.

Dron D., 2013, « La résilience : un objectif et un outil de politique publique. Son apparition en France et quelques perspectives », *Annales des Mines, Responsabilité & Environnement*, n. spécial La résilience : Plus qu'une mode ?, 4(72), octobre, pp. 12-16.

Folke C., 2006, « Resilience : the emergence of a perspective for social-ecological systems analyses », *Global Environmental Change*, 16(3), pp. 253-267.

Folke C., Carpenter S.R., Walker B., Scheffer M., Chapin T., Rockström J., 2010, « Resilience thinking : Integrating resilience, adaptability and transformability », *Ecology and Society*, 15(4), art. 20, http://www.ecologyandsociety.org/vol15/iss4/art20/.

Frankenberger T.R., Sutter P., Teshome A., Aberra A., Tefera M., Taffesse A., Ejigsemahu Y, 2007, *Ethiopia : the path to self-resiliency*, vol. I, Final Report, CHF/CANGO, http://www.cangoethiopia.org/assets/docs/(2)% 20Self-Resiliency%20Report%20-%20 CANGO-CHF%20(08.08.07).pdf.

Gallopin C.G., 2006, « Linkages between vulnerability, resilience, and adaptive capacity », *Global Environmental Change*, 16, pp. 293-303.

Gunderson L.H., Holling C.S. (Eds), 2002, *Panarchy : Understanding Transformations in Human and Natural Systems*, Washington and London, Island Press, pp. 195-235, http://www.resalliance.org/index.php/panarchy.

Holling C.S., 2002, « Understanding the complexity of economic, ecological and social systems », *Ecosystems*, 4, pp. 390-405, DOI : 10.1007/s10021-001-0101-5.

Holling C.S., 1996, « Engineering resilience *versus* ecological resilience », *in* Schulze P.C. (Ed), *Engineering within Ecological Constraints*, Washington DC, National Academy Press, pp. 31-43.

Holling C.S., 1973, « Resilience and stability of ecological systems », *Annual Review of Ecology and Systematics*, 4, pp. 1-23.

Joseph J., 2013, « Resilience as embedded neoliberalism : a governmentality approach », *Resilience*, 1(1), pp. 38-52.

Juffé M., 2013, « La résilience : de quoi, à quoi et pour quoi ? », *Annales des Mines, Responsabilité & Environnement*, n. spécial La résilience : Plus qu'une mode ?, 4(72), octobre, pp. 7-11.

Klein R.J.T., Nicholls R.J., Thomalla F., 2003, « Resilience to natural hazards : how useful is this concept ? », *Environmental Hazards,* 5, pp. 35-45.

Koffi J.-M., 2014, « La résilience : origines et évolutions d'un concept polysémique, chapitre 2 », *in* Châtaignier J.-M. (Éd.), *Fragilités et résilience : les nouvelles frontières de la mondialisation,* Paris, Karthala, avril, pp. 53-62.

Koffi J.-M., 2010, « Qu'est-ce que la résilience ? », *in* Gonnet G., Koffi J.-M. (Éd.), *Résiliences, cicatrices, rébellion*, Paris, L'Harmattan.

Lallau B., 2014, « La résilience contre la faim ? Enjeux d'une institutionnalisation et perspectives d'une opérationnalisation », Congrès de l'AFEP 2014, Session ouverte « Économie politique de la résilience : Énième avatar du néolibéralisme ou instrument de démocratie participative ? », ENS Cachan, 2-4 juillet.

Lhomme S., Serre D., Diab Y., Laganier R., 2013, « Analyzing resilience of urban networks : a preliminary step towards more flood resilient cities », *Natural Hazards and Earth System Sciences*, 13, Special Issue : Natural hazard resilient cities, pp. 221-230.

MacKinnon D., Derickson K.D., 2012, « From resilience to resourcefulness : a critique of resilience policy and activism », *Progress in Human Geography*, 37(2), pp. 253-270.

Manyena S.B., 2006, « The concept of resilience revisited », *Disasters,* 30(4), pp. 433-450.

Morin E., 2014, *Introduction à la pensée complexe*, Paris, Seuil, coll. « Points Essais » (1re éd. 2005).

Pasteur K., 2011, *From Vulnerability to Resilience (V2R) : Guidelines for Analysis and Action to Build Community Resilience,* Practical Action Publishing, 128 p., ISBN 978 1 85339 718 9.

Pelling M., 2003, *The Vulnerability of Cities : Natural Disasters and Social Resilience*, London, Earthscan.

Pelling M., Manuel-Navarette D., 2011, « From resilience to transformation : the adaptive cycle in two mexican urban centers », *Ecology and Society* 16(2), art.11, http://www.ecologyandsociety.org/vol16/iss2/art11/.

Pigeon P., 2012, « Apports de la résilience à la géographie des risques : l'exemple de La Faute-sur-Mer (Vendée, France) », *Vertigo*, 12(1), mai, http://vertigo.revues.org/12031.

Provitolo D., 2009, « Vulnérabilité et résilience : géométrie variable des deux concepts », *Séminaire Résilience*, ENS, Paris, novembre, http://hal.archives-ouvertes.fr/hal-00497757/fr/.

Quenault B., 2016, « La rhétorique de la résilience, une lueur d'espoir à l'ère de l'anthropocène ? Vers un changement de paradigme fondé sur l'acceptation de la catastrophe », *in* Rudolf F. (Éd.), *Les villes à la croisée des stratégies globales et locales des enjeux climatiques*, Presses universitaires de Laval, http://www.editions-hermann.fr/4940-les-villes-a-la-croisee-des-strategies-globales-et-locales-des-enjeux-climatiques.html.

Quenault B., 2013, « Retour critique sur la mobilisation du concept de résilience en lien avec l'adaptation des systèmes urbains au changement climatique », *EchoGéo*, 24, n. spécial Politiques et pratiques de la résilience, mis en ligne le 10 juillet 2013, http://echogeo.revues.org/13403, DOI : 10.4000/echogeo.13403.

Reghezza-Zitt M., Rufat S., Djament-Tran G., Le Blanc A., Lhomme S., 2012, « What resilience is not : uses and abuses », *Cybergeo : European Journal of Geography*, art. 621, octobre, p. 2-21, http : // cybergeo.revues.org/25554.

Rufat S., 2012, « Existe-t-il une mauvaise résilience ? », *Séminaire Résilience*, 25 novembre 2010, Paris, ENS, *in* Djament-Tran G., Reghezza-Zitt M., 2012, *Résiliences urbaines : Les villes face aux catastrophes*, Paris,–Le Manuscrit, coll. « Fronts pionniers », pp. 195-241, http://www.geographie.ens.fr/Compte-rendus-deseances-2010-2011.html?lang=fr.

Santens D., Villar C. (Éd.), 2014, *Analyse d'un projet territorial sous l'angle de la résilience. Feyzin, des concepts au territoire*, Lyon, Certu.

Thomas H., 2008, « Vulnérabilité, fragilité, précarité, résilience, etc. De l'usage et de la traduction de notions éponges en sciences de l'homme et de la vie », TERRA-Ed, Coll. Esquisses, février, http://terra.rezo.net/article697.html.

Tisseron S., 2013, « Résiliences : ambiguïtés et espoirs », *Annales des Mines, Responsabilité & Environnement*, n. spécial La résilience : Plus qu'une mode ?, 4(72), octobre, pp. 17-21.

Tisseron S., 2009, *La résilience*, Paris, PUF, coll. « Que sais-je ? », n. 3785, 3e éd.

Tisseron S., 2003, « Ces mots qui polluent la pensée », *Le Monde Diplomatique*, n. 593, août, Paris.

Vogel C., Moser S.C., Kasperson R.E., Dabelko G.D., 2007, « Linking vulnerability, adaptation, and resilience science to practice : pathways, players, and partnerships », *Global Environmental Change,* 17, pp. 349-364, http://dx.doi.org/http://dx.doi.org/10.1016/j.gloenvcha.2007.05.002.

Walker J., Cooper C., 2011, « Genealogies of resilience : from systems ecology to the political economy of crisis adaptation », *Security Dialogue,* 42, pp. 143-60.

Walker B., Salt D., 2006, *Resilience Thinking. Sustaining Ecosystems and People in a Changing World*, Washington DC, Island Press.

Welsh M., 2014, « Resilience and responsibility : governing uncertainty in a complex world », *The Geographical Journal,* 180(1), March, pp. 15-26.

3 Les quantifications imaginaires du risque : le cas du paludisme

Danièle **Dehouve**

L'appareil statistique s'est implanté au cœur de l'État et de la société modernes par paliers successifs à partir du XVIIe siècle. La période de l'après-guerre fut particulièrement décisive pour consolider les instruments de mesure mathématiques et les institutions chargées de les mettre en œuvre, de façon à fournir à l'exécutif une banque de données directement utilisable et maniable à la façon d'une « cartouche de science indiscutable » (Desrosières, 2008, I, pp. 77-100). Les décideurs, comme par ailleurs les scientifiques, invoquèrent alors celle-ci comme gage de leur « objectivité », car, « être objectif, c'est aspirer à un savoir qui ne garde aucune trace de celui qui sait, un savoir vierge » (Datson et Galison, 2012, p. 25). Une telle recherche de références au-dessus de tout soupçon a contribué à imposer le recours aux instruments statistiques dans tous les domaines sociaux au point qu'aujourd'hui aucune information ne nous paraît sérieuse si elle n'est chiffrée.

La rationalité métrique a rencontré un autre phénomène qui caractérise la modernité – la place du risque dans la société –, tout d'abord mis en évidence par Douglas et Wildavsky (1983) puis théorisé par Beck ([1986] 2008)[1]. Nous vivons, disent ces auteurs, dans une « société du risque », où chaque chose s'est convertie en

1. Voir aussi Giddens (1994), Le Breton (2012), Manceron (2014), Peretti-Watel (2001), Revet (2007), ainsi que García-Acosta et Ruiz Guadalajara (2005) et García-Acosta et Briones (2009).

menace potentielle – l'air que nous respirons, la nourriture et l'eau que nous ingérons, l'énergie que nous utilisons, etc. – dont la dangerosité se mesure au moyen de statistiques et de probabilités. Le risque est une éventualité dont les statistiques mettent en évidence les probabilités d'occurrence. La quantification constitue donc l'élément clé de sa définition. En conséquence, le système ne laisse aucune place aux arguments qui ne recourent à l'habillage statistique et les experts du risque doivent fournir « des chiffres, des informations, des explications "neutres" qui doivent faire office de base "impartiale" pour les décisions à prendre pour les intérêts les plus divers » (Beck, 2008, p. 385).

Pourtant, l'objectivité des données chiffrées a fait l'objet de discussions de la part de nombreux auteurs. Ainsi, Desrosières (2008, II, p. 126) a montré qu'avant de mettre en œuvre l'appareillage mathématique, il faut savoir « ce qu'il convient de mesurer ». Or, il existe une division du travail statistique qui sépare les mathématiciens chargés de l'opération de quantification (qui mesurent et doivent répondre à un objectif de précision) et les « spécialistes de la mise en variable » (qui répondent à un objectif de pertinence de la mesure et garantissent aux premiers le statut de réalité des objets à mesurer). Pour sa part, Beck renchérit que « choisir certains chiffres, projeter des causes sur telle personne ou telle chose, interpréter les problèmes de société de telle ou telle manière, évoquer tel type de solution [sont] autant de décisions qui sont tout sauf neutres » (Beck, 2008, p. 385). En effet, « même dans leurs habillages statistiques, ultramathématiques ou technologiques, les discours sur les risques contiennent des assertions du type "voilà comment nous voulons vivre" » (*ibidem*, p. 104).

Une recherche récente portant sur les difficultés intrinsèques de la mesure du risque dans différents domaines conclut que les dispositifs de mesure et les données qu'ils produisent sont pris au cœur de conflits et de tensions, ou portent des objectifs qui les dépassent largement, si bien qu'« il n'est de danger qui ne soit en quelque sorte "deux poids deux mesures" » (Houdart, Manceron et Revet, 2015, p. 15). Tout dépend d'abord de ce que l'on considère comme une menace : par exemple, « le danger réside-t-il dans la présence du loup accusé d'attaquer les troupeaux ou son absence pour cause d'extinction de l'espèce? » (*ibid.*, p. 16). Ainsi prend corps cette contradiction : les mesures sont rarement capables de clore une controverse ou de résoudre un litige… mais elles n'en sont pas moins indispensables.

C'est à une conséquence imprévue de cette obligation implicite de recourir au nombre dans n'importe quelle circonstance qu'est consacré ce chapitre : l'invention de quantifications que l'on peut qualifier d'imaginaires, car, tout en suivant apparemment un mode opératoire mathématique irréprochable, elles se fondent en réalité sur des présupposés et des chiffres fantaisistes. La lutte antipaludique en fournit des exemples variés, ce qui n'est guère étonnant si l'on songe qu'elle dure depuis plus de 70 ans et a concerné un grand nombre de pays. Elle a donné lieu à une bibliographie extrêmement abondante et plusieurs sortes de controverses qui, d'emblée, se sont situées au niveau mondial et ont mobilisé des intérêts politiques et économiques nombreux et puissants. La raison pour laquelle j'aborde aujourd'hui un thème aussi complexe prend son origine dans une réflexion personnelle sur la lutte antipaludique au Mexique, dont j'ai personnellement vécu certains épisodes à partir de 1967. En effet, j'ai réalisé mes premiers séjours de terrain dans le Sud-Ouest mexicain au moment où les brigades antipaludiques épandaient du DDT (Dichloro Diphénil Trichloroéthane) deux fois par an dans chaque demeure, ce qui m'a conduite à consacrer un chapitre de mon livre *Antropología de lo nefasto en comunidades indígenas* (Dehouve, 2016) à une mise en perspective de mon expérience. À l'occasion de cette recherche et des lectures qui l'ont accompagnée, j'ai rencontré des statistiques présentant le genre de garanties que l'on peut habituellement en attendre, mais également quelques quantifications qui m'ont paru de nature à susciter la réflexion. Si je range ces dernières sous le même qualificatif d'« imaginaires », elles n'en représentent pas moins des catégories différentes de constructions numériques.

1. Soixante-dix ans de lutte antipaludique

C'est autour de la Deuxième Guerre mondiale que s'est progressivement mise en place la lutte antipaludique au niveau mondial. Le paludisme, nommé malaria en anglais, représente l'une des maladies infectieuses les plus répandues dans le monde. Il est transmis par le moustique *Anopheles* dont la femelle injecte à l'homme un parasite du genre *Plasmodium* lorsqu'elle le pique pour produire ses œufs. Les humains sont infectés par quatre espèces de *Plasmodium*, plus ou moins dangereux. L'invention de l'insecticide nommé DDT (Dichloro Diphénil Trichloroéthane) représenta un événement majeur dans le traitement de l'épidémie. Le DDT fut synthétisé dès 1874, mais ses propriétés insecticides ne furent découvertes qu'en 1939. Elles furent alors utilisées avec succès pour éradiquer le paludisme de plusieurs îles grecques, de Sardaigne et de Corse, de certaines régions d'Italie, du Venezuela, de la Guyane-Britannique et du sud des États-Unis. Aussi plusieurs pays étaient-ils en train de remporter des victoires contre la maladie lorsque les Nations unies virent le jour après la guerre en 1945, et que fut créée en 1948 l'OMS (Organisation mondiale de la santé ; en anglais WHO, World Health Organization).

Selon Cueto (2007, p. 5-6), la lutte antipaludique de l'après-guerre fut une conséquence de la « guerre froide » entre les États-Unis et l'Union soviétique. Refusant globalement la confrontation militaire directe, la guerre froide prit, entre 1955 et 1970, la forme d'une compétition en grande partie scientifique et technologique entre les deux blocs. Il était de l'intérêt du bloc occidental de faire reculer les fièvres tropicales, comme l'exprima clairement Paul Russell (1955), promoteur du programme antipaludique auprès de l'OMS.

La huitième assemblée de la santé mondiale (WHA, World Health Assembly) se réunit à Mexico en mai 1955 et décida du lancement de la campagne mondiale d'éradication du paludisme nommée GMEP (Global Malaria Eradication Program). Sous l'influence des États-Unis, soutenus par la plupart des pays latino-américains, l'assemblée décida de mener une campagne d'éradication de cinq ans, en Europe, en Afrique du Nord, au

Moyen-Orient, dans quelques pays asiatiques (Taiwan, Singapour, Malaisie et Philippines) et en Amérique latine. L'Afrique subsaharienne fut exclue de la campagne mondiale, car elle ne disposait pas de l'infrastructure nécessaire et que ses moustiques étaient particulièrement résistants. De cette façon, les territoires qui produisent 90 % des morts par paludisme furent maintenus à l'écart de la campagne malgré sa volonté proclamée d'éradication mondiale (Malagón, 2008, p. 3).

Dès 1956, l'OMS décréta que la campagne se déroulerait en quatre phases – phase préparatoire, d'attaque, de consolidation et de maintenance. Elle espérait que la consolidation interviendrait après quatre années d'attaque, consistant à épandre du DDT sur les murs et les toits de chaque demeure, à raison de 2 grammes par mètre carré, deux fois par an, car l'action résiduelle de l'insecticide durait six mois. Les pays qui acceptaient de recourir à cette technologie recevaient l'aide internationale de l'OMS, l'UNICEF (Fonds des Nations Unies pour l'enfance) et le PASB (Pan American Sanitary Bureau, aujourd'hui PAHO) [Nájera *et al.*, 2011, p. 3]. C'est en 1962 que furent épandues les plus grandes quantités de DDT dans le monde, aboutissant à une régression spectaculaire du paludisme dans certains pays.

C'est cependant à cette même date que s'amorça le processus d'abandon de la campagne d'éradication. Les États-Unis qui participaient à plus de 85 % au financement des organismes mondiaux stoppèrent leurs contributions en 1963. L'OMS reconnut en 1965 l'existence de « zones problématiques » (*problem areas*) où les moustiques avaient développé une résistance au DDT. D'autres pays ne purent consolider les résultats obtenus : ainsi, au Sri Lanka (alors Ceylan) où l'on n'avait reporté que 17 cas de paludisme en 1963, la situation se détériora dans les années suivantes. En conséquence, la WHA demanda une révision de la stratégie antipaludique en 1967, et finalement, en 1969, sa vingt-deuxième assemblée stipula que l'éradication globale devait être abandonnée au profit d'une stratégie de contrôle. L'UNICEF et d'autres institutions internationales transférèrent alors leur aide sur d'autres programmes (les informations contenues dans ce paragraphe proviennent de Nájera *et al.*, 2011, p. 4-5).

À cela s'ajoutèrent les effets de la prohibition de l'usage du DDT dans l'agriculture, survenue en Norvège et en Suède en 1970, aux États-Unis en 1972 et au Royaume-Uni en 1984 ; ce résultat était la conséquence d'un processus amorcé par la publication, en 1962, du livre de la biologiste Rachel Carson, *Printemps silencieux* (*Silent Spring*) accusant le DDT d'être cancérigène et reprotoxique, c'est-à-dire toxique pour la reproduction de certains oiseaux. Cet ouvrage fut à l'origine des premiers mouvements écologiques et d'une série d'évaluations des effets du DDT dans l'agriculture. Quoique cet insecticide ne fût pas interdit dans le domaine de la santé, il s'ensuivit une diminution globale de la production mondiale de DDT. Ne disposant plus de dotations internationales, aux prises avec des difficultés financières, de nombreux pays firent passer la lutte antipaludique au second plan.

Dans les années 1980 et 1990, le paludisme connut une recrudescence mondiale, surtout dans les territoires tels que l'Afrique subsaharienne qui n'avait jamais été inclus dans la campagne d'éradication, jusqu'à ce que l'OMS lançât en 1998 le projet *Roll Back Malaria*, se fixant pour objectifs le contrôle de la situation et la réduction des effets de la maladie. À l'inverse de l'ancien programme d'éradication, le projet, qui se poursuit aujourd'hui, met en œuvre divers moyens adaptés aux spécificités régionales, conjuguant les actions sur l'environnement, la lutte antilarvaire et les traitements du domicile (Vernazza-Licht *et al.*, 2015, p. 204).

On peut dire que là prend fin le premier acte de l'histoire de la lutte antipaludique. Le deuxième acte consista dans l'absorption de la question du paludisme par le débat mondial sur le DDT. À la fin des années 1990, plusieurs institutions internationales élaborèrent la notion de POPS (*Persistent Organic Pollutants*) [Jones et de Voogt, 1999] définis comme des composants organiques d'origine naturelle ou anthropogénique qui résistent à la dégradation, se répandent dans l'air et l'eau et s'accumulent dans la graisse des organismes vivants, surtout chez les animaux situés en haut de la chaîne alimentaire. Les négociations internationales débutées en 1998 débouchèrent sur la Convention de Stockholm, ratifiée en mai 2001 et signée par 158 pays en 2006, qui interdit l'emploi de douze POPS, dont le DDT. Or, la même année, l'OMS émit une recommandation en faveur de l'usage du DDT dans la lutte antipaludique. Il s'ensuivit une exacerbation des controverses mondiales entre groupes d'intérêt opposés. Tandis que les uns se fixent pour objectif de consolider l'interdiction du DDT dans l'agriculture, les autres cherchent à rétablir son usage en le soustrayant de la liste des POPS : cependant, lorsque chacune des deux parties en appelle à l'histoire de la lutte antipaludique, elle instrumentalise celle-ci au service d'un autre objectif : l'usage du DDT dans l'agriculture où s'utilisaient – et pourraient recommencer à être utilisées – de grandes quantités de cet insecticide bon marché.

Enfin, le troisième acte consiste dans l'absorption de la question du paludisme par le débat mondial sur le réchauffement climatique. L'intérêt pour le climat débuta dans les années 1980 et aboutit à la création du GIEC (Groupe d'experts intergouvernemental sur l'évolution du climat) en 1988. À partir de son deuxième rapport en 1995, le GIEC évoqua les conséquences du réchauffement climatique sur la santé humaine, notamment par l'extension de l'aire de répartition mondiale du paludisme. Ce sujet ne fera pas l'unanimité parmi les spécialistes, mais sera néanmoins traduit en chiffres. Là encore, la lutte antipaludique a été mobilisée dans le cadre d'un autre débat.

Cette rapide mise en contexte était nécessaire pour que l'on puisse situer dans leur cadre historique les quantifications imaginaires que l'on va maintenant exposer. En effet, on ne quantifie que pour répondre à une situation donnée, c'est-à-dire mettre en place un programme ou se situer dans une controverse.

2. La quantification sans données chiffrées

Le rapprochement entre le Mexique et les États-Unis débuta en 1940, avec le président Manuel Ávila Camacho et fut poursuivi après-guerre par Miguel Alemán et Ruiz Cortinez, porteurs d'une politique moderniste promouvant le développement agricole et industriel. C'est Ruiz Cortinez qui était président lorsque se tint à Mexico la huitième assemblée WHA qui décida en 1955 du lancement de la campagne mondiale d'éradication du paludisme. Cette même année, le gouvernement mexicain créa la CNEP (Comisión

Nacional de Erradicación del Paludismo) assistée par des subsides de l'UNICEF et du PASB. Le programme d'éradication débuta en 1956 dans les régions paludiques qui couvraient les trois quarts de la superficie nationale, divisées en « zones », « secteurs » et « aires de travail » et parcourues par des brigades chargées d'épandre le DDT dans les demeures. Il devait se poursuivre jusqu'en 1975. De nos jours, on dénombre entre 1 000 et 3 000 cas par an, dont aucun n'est mortel.

Les statistiques établies en 1956 estimaient que le paludisme concernait à l'origine entre 2 et 2,5 millions de cas et 25 000 décès par an (Pesqueira, 1957). Pour établir ces chiffres, les statisticiens se fondèrent sur le nombre de morts par paludisme reportés dans l'état civil. Or, à cette époque, le Mexique ne comptait que 16 000 médecins, la majorité vivant dans les villes, alors que le paludisme frappait à la campagne où le diagnostic était laissé au jugement de l'officier d'état civil. De plus, le paludisme était désigné par environ vingt-deux noms communs variant selon les régions. Et, surtout, la plus grande partie du territoire rural était dépourvue de voies de communication et nous ignorons dans combien de régions les registres d'état civil furent consultés.

C'est à partir de cette estimation très sujette à caution que fut estimée la morbidité, en se fondant sur la présomption d'un décès pour 100 malades, en conséquence de quoi, 25 000 morts annuelles correspondaient à 2 500 000 malades. Ces chiffres ont été discutés par Malagón (2008) : si l'on en croit les estimations réalisées en 1958 sur la base de prélèvements sanguins, 85 % des malades mexicains étaient infectés par *Plasmodium vivax*, qui affaiblit les malades mais ne les tue pas en l'absence d'autre infection et 1 % par *Plasmodium malariae*; seuls 14 % étaient infectés par *Plasmodium falciparum*, susceptible d'entraîner la mort. Malagón poursuit :

> en admettant l'estimation de 2,5 millions de vrais cas de paludisme, la répartition des espèces devrait avoir été : *P. falciparum* 350 000; *P. vivax* 2 125 000 et *P. malariae* 25 000. En utilisant l'estimation d'une mort pour 100 cas [ce qui ne concerne que *P. falciparum* puisqu'il est le seul mortel], le nombre total des décès devrait avoir été de 3 500, ce qui est

très différent de 25 000. [...] Nous ne saurons jamais de façon sûre combien de Mexicains furent infectés par le paludisme avant la campagne. En conséquence, nous ne pourrons jamais savoir en quelle proportion la diminution des chiffres officiels d'infection par le paludisme peut être attribuée à la pulvérisation du DDT ou à la surestimation initiale de la mortalité (Malagón, 2008, p. 6, ma traduction).

L'imperfection des statistiques du paludisme mexicain en 1956 provenait de contraintes réelles et insurmontables. Selon Best (2001, p. 71), les raisons qui peuvent conduire à l'élaboration de mauvaises statistiques tiennent en premier lieu à l'imprécision des définitions, des mesures et des échantillonnages. Dans le cas considéré, la définition était claire (c'était la morbidité par paludisme), en revanche, les mesures et les échantillonnages étaient imparfaits et aucun statisticien n'a expliqué les méthodes qu'il a employées. Les règles du jeu de la société moderne obligeaient le gouvernement à faire reposer son programme de lutte antipaludique sur des chiffres que, pour des raisons objectives, il lui était impossible d'obtenir.

3. La quantification inventée des chats parachutistes

Notre deuxième exemple de quantification imaginaire est postérieur : il a pour cadre la controverse qui suivit la signature de la Convention de Stockholm en 2006 au sujet de la classification du DDT parmi les POPs interdits dans l'agriculture. Les débats poussèrent les militants à se pencher sur l'histoire de la pulvérisation de DDT lors de la lutte antipaludique des années cinquante et soixante afin d'exhumer certains faits, dont il se trouve que j'avais eu une expérience personnelle. En effet, lorsque je vivais dans les villages indiens entre 1967 et 1974, il était bien connu que les chats domestiques mouraient quelques jours après le passage des brigades antipaludiques. Bien que nié par les experts nationaux et internationaux, le fait était avéré et Cueto (2007) en a retrouvé la trace dans les archives de la CNEP. Ainsi, un organe de diffusion interne donnait comme exemple humoristique de

« définition » : « DDT, un petit liquide qui d'après les gens qui ne connaissent pas notre travail est très pratique pour faire disparaître les chats et les poulets des voisins » (*El Humaya*, février 1960, cité par Cueto, 2007, p. 211, nota 95). L'information passa dans la presse internationale et un article de *Time* signala en 1977 que les brigades antipaludiques étaient nommées dans l'État d'Oaxaca les « tueurs de chat » (*matagatos*) car « les chats lèchent les résidus de DDT sur leurs griffes et meurent d'une maladie du système nerveux »[2]. Il faut ajouter que la disparition des chats entraînait la multiplication des rats : la même constatation fut réalisée dans le monde entier, par exemple au début de la guerre entre les États-Unis et le Vietnam[3].

Ces faits étaient donc avérés mais peut-être pas suffisamment spectaculaires aux yeux des militants écologistes qui allèrent dénicher une anecdote concernant la prolifération des rats à Sabah, dans l'île de Bornéo, en 1959 (O'Shaughnessy, 2008, p. 1944). Il circule encore aujourd'hui sur Internet la rumeur que les habitants de Bornéo souffrirent de deux épidémies transmises par les rats – le typhus et la peste selvatique – ce qui poussa l'OMS à parachuter dans les villages un grand nombre de chats pour pallier une situation qu'elle avait elle-même créée. Un étude récente conclut que, bien qu'elle ait circulé à la manière d'une légende urbaine, cette anecdote contient sans doute un fond de vérité ; les épidémies ne sont pas attestées mais quelques phrases rédigées par un anthropologue de cette époque mentionnent un parachutage de chats (*ibid.*).

En revanche, ce qui est complètement inventé, c'est le nombre de chats parachutés qui, sur Internet, varie entre 20 et 14 000 animaux[4]. À quel genre de quantification imaginaire convient-il de rattacher ce dénombrement de félins ? Nous ne sommes pas là en présence de mauvaises statistiques, mais du choix d'un

2. "Malaria Makes a Comeback", *Time*, 12.09.1977 : 64, cité par O'Shaughnessy, 2008 : 4.

3. "American DDT spray killed the cats that ate the rats that devoured the crops", "A DDT Tale Aids Reds in Vietnam", *New York Times*, 02.02.1962: 3, cité par O'Shaughnessy, 2008: 4.

4. 20 chats : http://www.uua.org/re/tapestry/children/tales/session10/123508.shtml. 14 000 chats : http://www.flycatfly.com/parachuting-cats

nombre « magique » dans le cadre d'un discours militant. Ainsi, les 14 000 chats font penser aux « 40 000 prostituées pour la Coupe du Monde de football de 2006 en Allemagne », chiffre avancé à l'époque par des militantes féministes. Selon Campion-Vincent (2014), il ne s'agissait pas d'une « légende urbaine » – définie comme la rumeur qui démontre l'existence d'un péril mortel derrière un simple fait de vie quotidienne. Le chiffre des 40 000 prostituées prit naissance dans l'univers de controverse autour de la prostitution, « les acteurs étant les militants et les experts des deux camps et les pouvoirs publics que militants et experts tentent d'influencer » (Campion-Vincent, 2014, p. 32). Totalement inventée à propos d'un événement à venir, cette quantité s'avéra être un « chiffre à succès », qui fut repris en 2006 à propos de la prostitution étudiante en France, puis reparut lors de la Coupe du Monde de football 2010 en Afrique du Sud (*ibid.*).

Les chiffres imaginaires ne sont pas rares dans les controverses modernes, comme le montre Chaumont (2012) qui retrace la façon dont fut obtenu le chiffre des « 33 millions de victimes de la prostitution en une décennie ». Le discours militant tombe alors dans le paradoxe de vouloir « solliciter la froide objectivité des chiffres pour atteindre la sensibilité du public que l'on souhaite convertir à la cause »; il s'agit donc de « la sollicitation d'une objectivité (celle prêtée aux chiffres) afin d'agir sur une subjectivité (celle du public à enrôler dans la cause) » (Mathieu, 2012, p. 173-174). Il faut cependant faire remarquer que ce n'est peut-être pas tant l'objectivité des nombres qui est recherché que leur symbolisme. Cassirer (1972, II, p. 170) a montré que, certes, dans le domaine de la connaissance théorique, le nombre a représenté « le moyen par excellence pour agglomérer et réunir les contenus les plus hétérogènes et en tirer l'unité d'un concept ». Mais, dans d'autres modalités de la pensée ou d'autres régions de la construction spirituelle, « chaque nombre particulier, loin de n'être qu'un élément du système, possède encore une figure tout à fait individuelle » (*ibid.* p. 172) et c'est elle qui lui accorde son sens symbolique et sa force magique. En ce sens, s'il paraît clair que les 14 000 et 40 000 ont été choisis parce que ce sont de « grands nombres », la présence réitérée du chiffre 4 en leur sein semble indiquer que ce dernier exerce un attrait particulier qui est peut-être de nature symbolique.

4. La quantification rétrospective des morts qui auraient pu rester en vie

La Convention de Stockholm, qui classa en 2006 le DDT parmi les POPs interdits dans l'agriculture, fournit le cadre d'un troisième type de quantification imaginaire. Cette fois-ci, c'est le camp opposé aux écologistes anti-DDT qui fut à son origine. Rappelons que l'élaboration de la notion de POPs débuta en 1998. Or, c'est cette même année que se constitua un groupe de pression international dans le but d'empêcher que le DDT ne fût inclus dans la liste des POPs et donc d'éviter que son interdiction dans l'agriculture ne fût pérennisée et étendue dans le monde. Il était constitué de personnalités telles que J. Gordon Edwards et Roger Bate, et financé par la firme de tabac Philip Morris, et se proposait de critiquer les « risques virtuels » dénoncés par les écologistes. L'interdiction du DDT dans l'agriculture à partir des années 1970 n'était, pour ce groupe de pression, motivée par aucune raison réelle et, bien plus, elle constituait une sorte de crime contre l'humanité. « La prohibition du DDT », écrivit Gwadz du National Institute of Health « a pu tuer 20 millions d'enfants »[5]. « Selon lui, au moyen de cette prohibition, les environnementalistes causèrent, durant les trente années qui suivirent, la mort de plus de 50 millions de personnes, sans nécessité, d'une maladie qui était entièrement évitable »[6].

La méthode de calcul utilisée consista à prendre le nombre estimé des décès provoqués par le paludisme entre 1972 – date de l'interdiction du DDT dans l'agriculture par les États-Unis et le

5. Cité par Michael Finkel, "Malaria", *National geographic*, juillet 2007. http://ngm.nationalgeographic.com/ngm/0707/feature1/text4.html

6. *Discoverthenetworks.* http://www.discoverthenetworks.org/viewSubCategory.asp?id=1259. Ce site Internet se présente comme destiné à lutter contre les tendances communistes, socialistes, écologistes, et les causes anticapitalistes et antiaméricaines.

début des années 2000 : « Aussi récemment qu'en 2005 […] chaque année de 1 à 2 millions de personnes mouraient de la maladie »[7]. Le nombre de décès annuels attribuables au paludisme en trente ans oscillerait donc, selon ces estimations, entre 30 et 60 millions.

J'ignore si ce chiffre est fiable, mais il semble en tout cas très fluctuant, puisqu'il varie du simple au double, sans que cela ne semble poser de problème à ses inventeurs. Mais il faut surtout remarquer qu'il part des prémisses suivantes : seul le DDT permet de combattre le paludisme dans le monde, l'arrêt de la pulvérisation fit flamber l'épidémie, les responsables de la campagne anti-DDT sont les environnementalistes, en particulier Rachel Carson, en conséquence de quoi ceux-ci sont les responsables des morts par paludisme. Or, la chronologie des faits ne correspond pas à ces allégations. Les États-Unis stoppèrent leurs financements à la lutte antipaludique dès 1963 pour des raisons qu'il est impossible d'attribuer aux environnementalistes (Nájera *et al.*, 2011, p. 4). Les premiers questionnements surgirent précisément à cette date avec, entre autres, l'apparition de zones à problèmes, l'incapacité de mener à bien les phases de consolidation et de maintenance après le succès de la phase d'attaque et le développement de résistances au DDT dans certaines populations d'anophèles. Ce sont ces facteurs qui poussèrent la WHA à affirmer en 1969 que la lutte antipaludique ne pouvait être conçue comme un programme à court terme. Malheureusement, la crise économique des années 1970 et un manque de flexibilité des organisations internationales aboutirent alors à un accroissement des cas de paludisme dans le monde (selon Nájera *et al. ibid.*, p. 3).

Comme toute histoire, celle de la lutte antipaludique combine un grand nombre de paramètres et ne se résume pas à l'épandage de DDT. On peut ajouter que l'interdiction de 1972 concerna exclusivement l'utilisation du DDT dans l'agriculture, et aux États-Unis. Jamais l'insecticide ne fut prohibé dans le domaine sanitaire et il continua à être utilisé dans de nombreux pays. Le recul de la lutte antipaludique entre 1963 et 1990 est donc dû à une conjonction de facteurs. Enfin, l'attribution de la totalité des décès par palu-

7. *Ibidem.*

disme au mouvement écologiste revient à postuler que l'utilisation massive du DDT aurait pu stopper la maladie comme par un coup de baguette magique, passant immédiatement de 50 millions de morts à zéro.

L'élaboration de ces chiffres rétroactifs présente donc la caractéristique de substituer une cause unique à la complexité historique. Avec ce style d'attribution des responsabilités, on pourrait tout aussi bien dire que toutes les morts par paludisme sont dues au fait que l'OMS a exclu l'Afrique subsaharienne de la campagne mondiale lancée en 1956. Comme on calcule que 90 % des décès dus à cette maladie se produisent aujourd'hui dans le continent africain, il serait facile d'additionner les morts survenues depuis 1956 et les attribuer dans leur totalité à cette organisation internationale. De telles projections représentent un jeu virtuel et absurde. D'ailleurs, peu contraintes par des statistiques réelles, elles font largement appel au symbolisme des nombres : les 50 millions de morts sont un chiffre « rond » appliqué à des millions, visant, comme le dit à un autre propos Mathieu (2012, p. 180), à provoquer le tournis, à produire un effet de vertige et de saisissement par les chiffres.

5. La quantification prospective des morts en trop

C'est le contexte du débat mondial sur le réchauffement climatique qui a produit la dernière quantification imaginaire des morts du paludisme que nous allons examiner. Le GIEC (Groupe d'experts intergouvernemental sur l'évolution du climat) – en anglais IPCC (Intergovernmental Panel on Climate Change) –, créé en 1988, fut l'auteur de cinq rapports entre 1990 et 2014. C'est à partir du deuxième, en 1995, que l'extension de l'aire infestée par le paludisme fut inscrite parmi les conséquences prévisibles du réchauffement de la planète. La conclusion de ce rapport indique que « la zone géographique de la transmission potentielle de la malaria en réponse à l'augmentation de la température mondiale [...] (3-5° en 2100) toucherait 60 % de la population mondiale à la fin du XXIe siècle [considérant qu'actuellement elle en touche

45 %]. Ceci conduirait à un accroissement de l'incidence de la malaria (de l'ordre de 50 à 80 millions de cas additionnels par an, étant admis que le nombre total est de 500 millions de cas) »[8]. Ces assertions furent réitérées dans le troisième rapport du GIEC en 2001 et déclenchèrent une polémique scientifique entre spécialistes du paludisme, marquée notamment par plusieurs publications contestant la probabilité de l'augmentation des cas de paludisme (dont Reiter *et al*, 2004, Gething, Peter W. *et al.*, 2010). Malgré cela, en 2015, la position officielle de l'OMS et du GIEC demeurait que le changement climatique occasionnerait chaque année 250 000 décès supplémentaires entre 2030 et 2050, dont 60 000 seraient attribuables à une recrudescence de la malaria[9].

Selon Best (2001, p. 104), les projections représentent une comparaison statistique entre le présent et le futur. Certaines, dit-il, se fondent sur des chiffres certains : ainsi il est facile de prévoir combien d'enfants entreront en maternelle dans cinq ans. Mais d'autres peuvent extrapoler à partir d'affirmations erronées ; ainsi, en 1987, fut avancé le chiffre prospectif de 10 millions de malades nord-américains du SIDA en 1991, alors que dans les faits ils furent 200 000 (*ibid.*, p. 108). Il suffit de quelques variables faussées (concernant par exemple le nombre de transmissions homosexuelles) pour obtenir des projections très éloignées de la réalité.

Dans le cas du paludisme, le calcul des décès supplémentaires estimés dans une perspective de réchauffement climatique se fonde sur une variable principale : l'hypothèse d'une relation forte entre l'incidence du paludisme et la chaleur du climat. Cette idée est largement partagée par chacun d'entre nous. Or, contrairement à ce que l'on pense généralement, le paludisme n'est pas une maladie tropicale et n'est pas limité par les hivers froids,

8. Selon le *Second Report of the IPCC*, 1997, « Summary for Policymakers », cité dans *Memorandum by Professor Paul Reiter*, 31 mars 2005, http://www.publications.parliament.uk/pa/ld200506/ldselect/ldeconaf/12/12we21.htm. Ma traduction.

9. « Climate change and health », WHO, Fact sheed n. 266, septembre 2015, http://www.who.int/mediacentre/factsheets/fs266/en/. Les autres causes de décès supplémentaires seraient la chaleur (38 000 décès), la diarrhée (48 000) et la malnutrition des enfants (95 000).

comme le montre l'histoire de la maladie en Europe. C'est ainsi que, durant le Petit Âge glaciaire européen, entre le milieu du XVe et le début du XVIIIe siècle, malgré le refroidissement du climat, le paludisme causa de graves problèmes de santé dans les îles britanniques. La maladie fut commune dans le nord de la Russie et causa même une épidémie en 1920 en Union soviétique, durant laquelle on enregistra 10 000 morts dus à *Plasmodium falciparum*, à Arkhangelsk (dont le nom anglicisé est Archangel), à côté du cercle arctique (Reiter[10]). Il faut ajouter qu'il existe plus de 400 espèces de moustiques *Anopheles*, dont une trentaine sont des vecteurs importants du paludisme. « L'intensité de la transmission dépend de facteurs liés au parasite, au vecteur, à l'hôte humain et à l'environnement »[11], elle est donc difficilement résumable à la seule chaleur du climat.

Selon certains spécialistes « les déterminants principaux de la transmission de la malaria et de nombreuses autres maladies transmises par les moustiques sont la politique, l'économie et les activités humaines » (Reiter)[12]. L'étude historique de Derex (2008) sur la régression des fièvres en France au cours du XIXe siècle, alors que le climat était plus chaud que durant le Petit Âge glaciaire, attribue le recul du paludisme à un ensemble de facteurs, tels que la diminution des lieux humides, l'amélioration des conditions d'habitat et de l'alimentation, et l'émigration vers les villes qui réduisit le facteur humain réservoir du virus. Elle montre aussi une forte corrélation entre les pics de paludisme et les deux guerres mondiales. Si la chaleur n'est pas le facteur unique, ni même principal, dans l'incidence du paludisme, les projections établies à partir de cette hypothèse ne présentent pas de caractère de fiabilité.

10. Reiter, Paul, 2000, « From Shakespeare to Defoe : Malaria in England in the Little Ice Age », *Emerging Infectious Diseases*, 6(1), février, http://wwwnc.cdc.gov/eid/article/6/1/00-0101_article#r7.
2005, *Memorandum by Professor Paul Reiter*, 31 mars, http://www.publications.parliament.uk/pa/ld200506/ldselect/ldeconaf/12/12we21.htm.

11. « Paludisme. Aide mémoire n. 94 », octobre 2015, OMS, http://www.who.int/mediacentre/factsheets/fs094/fr.

12. 2005, *Memorandum by Professor Paul Reiter*, 31 mars, http://www.publications.parliament.uk/pa/ld200506/ldselect/ldeconaf/12/12we21.htm.

Par ailleurs, on pourrait supposer que les statisticiens ont travaillé à partir de tendances statistiques avérées. Or, on s'aperçoit avec surprise que ce n'est pas le cas, car les tendances constatées depuis 2000 font apparaître, à l'inverse, un recul de la morbidité et de la létalité du paludisme dans le monde. Selon les calculs de l'OMS, « entre 2000 et 2015, l'incidence du paludisme (le nombre de nouveaux cas) a baissé de 37 % à l'échelle mondiale, tandis que le taux de mortalité a reculé de 60 % toutes tranches d'âge confondues [...] On estime que 6,2 millions de décès dus au paludisme ont été évités dans le monde depuis 2000 »[13]. Or, les quinze années qui viennent de s'écouler ont d'ores et déjà subi, selon l'ONU, un réchauffement climatique[14].

Il faut ajouter qu'en 2015 on a comptabilisé 214 millions de cas de paludisme et 438 000 décès[15], le taux de létalité du paludisme est donc actuellement de 0,2 %. Pour que soit avéré le nombre de 60 000 décès supplémentaires chaque année entre 2030 et 2050, en conservant le taux de létalité actuel, il faudrait qu'apparaissent annuellement 30 millions de cas supplémentaires de paludisme, soit un renversement total des tendances.

Il faut ajouter que la diminution de la superficie des aires paludiques depuis 1900 a été quantifiée par Gething, *et al.* (2010) qui concluent :

« les allégations courantes selon lesquelles la hausse des températures moyennes ont d'ores et déjà entraîné une augmentation de la morbidité et la mortalité du paludisme dans le monde sont largement en contradiction avec les tendances mondiales à la diminution de son endémicité et son extension géographique [...] Les prédictions concernant l'intensification du paludisme dans un monde plus chaud, fondées sur l'extrapolation de relations empiriques ou de mécanismes biologiques contredisent les données fournies par un siècle de réchauffement qui a vu des diminutions conséquentes de la maladie et un affaiblissement

13. *Ibid.*

14. « Who says Climate Change Killing 150,000 A Year », 12.12.2003, http://www.rense.com/general45/who.htm.

15. « Paludisme. Aide mémoire n. 94 », octobre 2015, OMS, http://www.who.int/mediacentre/factsheets/fs094/fr.

substantiel de la corrélation globale entre l'endémicité du paludisme et le climat » (ma traduction).

Il n'est pas dans mon intention de prendre part à des controverses scientifiques extrêmement spécialisées, mais de faire remarquer la légèreté des arguments conduisant à l'évaluation prospective des nombres de morts supplémentaires du paludisme dans un monde plus chaud. Dans la mesure où l'on ne maîtrise aucune des variables à partir desquelles est établie la projection – sans même parler des variables susceptibles d'intervenir dans les cinquantaine prochaines années et dont on n'a aucune idée – cette quantification peut être qualifiée d'imaginaire.

Conclusion

Lorsque j'ai commencé à m'intéresser à l'histoire du paludisme à partir de mon expérience personnelle dans les communautés indiennes mexicaines, je ne m'attendais pas à rencontrer des statistiques prêtant à discussion. C'est à ma grande surprise que se sont dévoilées des quantifications imaginaires appartenant à quatre catégories différentes : sans données chiffrées, inventées, rétrospectives et prospectives. Qui plus est, trois de ces quantifications ont été établies dans les quinze dernières années, non pas en rapport avec des préoccupations directement liées au paludisme, mais avec des débats mondiaux portant sur d'autres sujets : l'anecdote des chats parachutistes et la quantification rétrospective des morts du paludisme ont été produites dans le contexte des controverses sur l'interdiction du DDT dans l'agriculture, tandis que la quantification prospective des morts du paludisme l'a été dans celui du débat sur le réchauffement climatique.

Il apparaît donc que le recours fréquent aux quantifications imaginaires est un phénomène qui doit être situé dans une histoire récente, celle des controverses mondiales au sein desquelles interviennent des intérêts économiques et politiques puissants, un grand nombre d'organismes gouvernementaux et non gouvernementaux, ainsi que « le militant, l'idéologue et le chercheur » comme le dit Chaumont (2012), tout cela démultiplié par la puissance d'Internet. Une énergie considérable est déployée par certains pour produire des chiffres qui sont aussitôt contestés par d'autres au prix de grands efforts. Les quantifications imaginaires ne sont pas l'apanage d'un seul des camps en présence, car tous recourent aux mêmes procédés.

Pourquoi est-on disposé à croire aux grands nombres? Certainement parce qu'on en a envie. On peut appliquer à ces cas la remarque faite à propos des rumeurs :

> Contrairement à une idée reçue, un individu ne croit pas à une rumeur parce qu'il est crédule. De fait, personne ne croit à toutes les rumeurs, mais chacun d'entre nous a cru, un jour, à une rumeur. [...] Une rumeur ou une légende sera crue par ceux qui y retrouvent leurs préoccupations, leurs peurs, leurs espoirs (Campion-Vincent et Renard, 2014, p. 12-13).

À l'inverse, les critiques aux quantifications imaginaires avancées par un camp émanent généralement du camp adverse. Pourtant, ce chapitre a voulu montrer que c'est le procédé qui est critiquable, indépendamment de ce que chacun de nous peut penser sur un sujet.

C'est une règle du jeu de la controverse qui s'est mise en place; elle appartient au domaine de la rhétorique, car, comme le font remarquer Houdart, Manceron et Revet (2015, p. 15), « les mesures sont rarement capables à elles seules de clore une controverse, de résoudre un litige, ou de clarifier une situation – ou lorsqu'elles le sont, ce n'est le plus souvent que provisoire ». Douglas et Wildavsky (1983, p. 8) en donnaient déjà la raison en affirmant que certaines valeurs correspondent à certaines peurs et à l'acceptation de certains risques, une idée que Beck (2008, p. 104) résumait en affirmant que, derrière des constructions numériques, se tiennent toujours « des assertions du type "voilà comment nous voulons vivre" ». C'est la raison pour laquelle la mesure du danger ne convainc pas des gens qui ont fait le choix de valeurs et de peurs communes.

Cependant la production d'un grand nombre de quantifications imaginaires n'est pas faite pour clarifier le débat public, mais surtout pour déclencher des peurs et agir sur l'affectivité (Mathieu, 2012, p. 184). En dehors de quelques dénonciations de « statistiques mutantes » (Best, 2001), aucune limite n'est aujourd'hui posée aux inventions numériques. Et pourtant, le respect de certaines règles de quantification ne contribuerait-il pas à clarifier les débats ?

BIBLIOGRAPHIE

Beck, U., 2008, *Société du risque. Sur la voie d'une autre modernité*, Paris, Flammarion, Champs essais [Traduction de *Risikogesellschaft. Auf dem Weg in eine andere Moderne*, Frankfort del Meno, Suhrkamp, 1986].

Best, J., 2001, *Damned Lies and Statistics : Untangling Numbers from the Media, Politicians and Activists*, Berkeley, Los Angeles, Londres, University of California Press.

Campion-Vincent, V., 2014, « 40 000 prostituées pour la Coupe du Monde de football de 2006 en Allemagne », *in* V. Campion-Vincent et J.-B. Renard, *100 % Rumeurs. La vérité sur 50 légendes urbaines extravagantes*, Paris, Payot, p. 27-40.

Campion-Vincent, V. et Renard, J.-B., 2014, *100 % Rumeurs. Codes cachés, objets piégés, aliments contaminés… La vérité sur 50 légendes urbaines extravagantes*, Paris, Payot.

Carson, R., 1962, *Silent Spring*, Boston, Houghton Mifflin.

Cassirer, E., 1972, *La philosophie des formes symboliques*, II. La pensée mythique, Paris, Minuit.

Chaumont, J.-M., 2012, Le militant, l'idéologue et le chercheur, *Le Débat*, 5, 172, p. 120-130.

Cueto, M., 2007, *Cold War, Deadly Fevers : Malaria Eradication in Mexico, 1955-1975*, Washington D.C., Woodrow Wilson Center Press, Johns Hopkins University Press.

Datson, L. et Galison, P., 2012, *Objectivité*, Paris, Les Presses du Réel.

Dehouve, D., 2016, *Antropología de lo nefasto en comunidades indígenas*, San Luis Potosí, Mexique, El Colegio de San Luis.

Derex, J.-M., 2008, Géographie sociale et physique du paludisme et des fièvres intermittentes en France du XVIIIe au XXe siècle, *Histoire, économie et société*, 2 (27e année), p. 39-59.

Desrosières, A., 2008, *Pour une sociologie historique de la quantification. L'argument statistique, I, Gouverner par les nombres*, II, Paris, Les Presses de l'École des Mines.

Douglas, M. et Wildavsky, A., 1983, *Risk and Culture. An Essay on the Selection of Technological and Environmental Dangers*, Berkeley, Los Angeles, Londres, University of California Press.

García-Acosta, V. y Briones, F. (eds.), 2009, « Riesgos y desastres », *Trace. Travaux et recherche dans les Amériques du Centre*, 56, déc.

García-Acosta, V. et Ruiz Guadalajara, J. C. (eds.), 2005, « Vulnerabilidad social, riesgos y desastres », *Desacatos, Revista de antropología social*, vol. 19, sept-déc.

Gething, P. W. *et al.*, 2010, « Climate change and the global malaria recession », *Nature*, 20 mai, 465, pp. 342-345, URL : www.nature.com/nature/journal/v465/n7296/full/nature09098.htlm

Giddens, A., 1994, *Les conséquences de la modernité*, Paris, L'Harmattan, coll. « Théorie sociale contemporaine ».

Houdart, S., Manceron, V. et Revet, S., 2015, « Connaître et se prémunir. La logique métrique au défi des sciences sociales », *Ethnologie française*, Presses universitaires de France, 45 (1), pp. 11-17.

Jones, K. C. et de Voogt, P., 1999, « Persistent organic pollutants (POPS) : state of science », *Environmental Pollution*, 100, p. 209-221. URL : http://www.ncbi.nlm.nih.gov/pubmed/15093119

Le Breton, D., 2012, *Sociologie du risque*, Paris, Presses universitaires de France, coll. « Que sais-je ? ».

Malagón, F., 2008, « Malaria eradication in Mexico : Some historic-parasitological views on Cold War, deadly fevers, by Marcos Cueto, Ph.-D. », *Philosophy, Ethics and Humanities in Medicine*, 3 (15). URL : http://www.peh-med.com/content/3/1/15.

Manceron, V., 2014, « Les constructions sociales du danger : quelques usages de la notion de risque et d'infortune en sciences sociales », Les Journées de Tam-Dao 2013, *AFD-EFEO*, juillet, pp. 37-54.

Mathieu, L., 2012, « De l'objectivation à l'émotion. La mobilisation des chiffres dans le mouvement abolitionniste contemporain », *Mots. Les langages du politique*, 100, novembre, pp. 173-185, URL : http://mots.revues.org/20989

Nájera, J. A., González-Silva, M. y Alonso, P. L., 2011, « Some Lessons for the Future From the Global Malaria Eradication Programme (1955-1969) », *PLOS Medecine* 8 (1), URL :

http://www.journals.plos.org/plosmedicine/article?id=10.1371/journal.pmed.1000412, 6 p.

O'Shaughnessy, P. T., 2008, « Parachuting Cats and Crushed Eggs. The Controversy Over the Use of DDT to Control Malaria », *American Journal of Public Health*, 98 (11), nov., pp. 1940-1948, URL :
http://www.ncbi.nlm.nih.gov/pmc/articles/PMC2636426/

Peretti-Watel, P., 2001, *La société du risque*, Paris, La Découverte, coll. « Repères ».

Pesqueira, M. E., 1957, « Programa de erradicación del paludismo en México », *Boletín de la Oficina Sanitaria Panamericana*, juin, 36, XII, n°6, pp. 537-547. URL : http://iris.paho.org/xmlui/bitstream/handle/123456789/14918/v42n6p537.pdf?sequence=1&isAllowed=y

Reiter, P. *et al.*, 2004, « Global warming and malaria : a call for accuracy », *The Lancet*, juin, 4 (6), pp. 323-324.

Revet, S., 2007, *Anthropologie d'une catastrophe. Les coulées de boue de 1999 au Venezuela*, Paris, Presses Sorbonne Nouvelle.

Russell, P. F., 1955, *Man's Mastery of Malaria*, Oxford, Oxford University Press.

Vernazza-Licht, N., Bley, D., Konandé Mudubu, L., et Mbetoumou, M., 2015, « Entre fatalité et action : perception et gestion du risque palustre au Cameroun », S. Pomel (éd.), *Du risque en Afrique*, Paris, Karthala, Terrain et perspectives, pp. 201-213.

Partie II

La catastrophe entre récit et ressenti

4 Haïti, des vivants et des morts

Alice **Corbet**

Le séisme haïtien du 12 janvier 2010 fut un moment de désordre total. La rapidité de l'événement, l'incompréhension, la peur, les blessures et les disparitions de personnes sous des amas enchevêtrés et poussiéreux… Chacun dut s'arranger en fonction de ses pertes et de ses moyens, alors que la découverte des dégâts, l'errance des blessés, et la recherche des morts s'organisaient malgré la crainte des secousses qui ébranlaient encore le sol. Même les heures et jours qui suivirent apportèrent peu de réconfort. L'État, quasi absent, ne put inspirer le sentiment que la catastrophe était passée et qu'il prenait en main sa « réparation » (Oliver-Smith, 2010), alors que la communauté internationale s'activait au gré des urgences et de l'arrivée des moyens.

Les pertes humaines furent très nombreuses. Aujourd'hui encore, elles sont difficiles à évaluer car elles ont donné lieu à plusieurs inflations numériques, allant de 46 000 (Schwartz, 2011) à plus de 316 000 (déclaration du Premier ministre Jean-Max Bellerive le 12 janvier 2011). La catastrophe, survenue de manière imprévue et violente, a posé la question du traitement des cadavres, qu'il soit maîtrisé ou massifié, particulier ou collectif. Si mourir lors du séisme fut une fatalité, « bien » mourir fut souvent une étape inachevée. En outre, les responsables haïtiens ont délaissé la question des morts, comme s'ils étaient indifférents à leur sort et à ceux des vivants.

Ainsi, la gestion des nombreux morts s'opéra en fonction du moment où ils étaient retrouvés (juste après le séisme ou dans les semaines qui suivirent) et, surtout, en fonction des moyens financiers de leurs proches. Les plus riches les enterrèrent dans des cimetières, parfois privés. Ce fut plus difficile pour les plus pauvres et, quand leurs défunts n'étaient pas enterrés près du lieu où ils avaient trouvé la mort, le long des routes ou dans les coteaux, ils partaient rejoindre ceux qui n'avaient pu être identifiés, dans plusieurs fosses communes à travers les agglomérations comme en dehors. La vie reprit ensuite rapidement ses droits, car la grande pauvreté de nombreux Haïtiens les obligea à s'organiser au jour le jour, ne pouvant se permettre une trop longue interruption dans un rythme quotidien fait de débrouille (l'indice de développement humain classe Haïti à la 163e position sur 188 [PNUD, 2015]).

Ce texte s'appuie sur un travail ethnographique basé sur une monographie menée à Port-au-Prince, initialement en avril et mai 2011 pour un travail répondant à une commande de la Délégation aux affaires stratégiques[1]. Cette approche fut consolidée par cinq autres séjours d'étude de plusieurs semaines chacun entre 2012 et 2015, à nouveau dans la capitale haïtienne, permettant d'agrandir le panorama des personnes rencontrées et d'étayer la recherche. Ces différents séjours se concentraient en particulier sur le thème de l'anthropologie des camps et de la relation humanitaire. C'est donc souvent à partir des camps de déplacés et en suivant, parfois sur plusieurs années, le parcours de vie d'Haïtiens affectés par le séisme, que l'analyse est développée.

La méthode utilisée fut principalement qualitative, en procédant par de nombreux entretiens informels menés dans des cadres souples et spontanés : pendant les visites de camps de déplacés, lors de rencontres inopinées, auprès du voisinage... Ainsi, la diversité des paroles relevées dessine une carte générale des différentes attitudes et perceptions liées à la mort. Cet échantillon aléatoire est donc composé de personnes de différents milieux, hommes, femmes, et même enfants. En outre, plusieurs chercheurs, intellectuels, et personnels de l'ambassade de France

1. Aujourd'hui Direction générale des relations internationales et de la stratégie du ministère de la Défense.

ou de différentes organisations de solidarité, ont été interrogés dans un cadre plus formel, sur le mode d'entretiens semi-dirigés. En tout, plus d'une centaine de personnes ont permis d'alimenter cette recherche, de l'anonyme croisé dans un transport en commun au chercheur renommé. Les termes créoles, et particulièrement ceux ayant trait au *vodou*, sont mentionnés en italique : ils ne sont pas systématiquement traduits quand le mot est transparent. L'ensemble nous permet de saisir comment une approche anthropologique permet de révéler les multiples aspects sociaux qui ancrent la catastrophe – et son aspect le plus profondément humain, la mort – dans les champs de la mémoire, de la spiritualité, ou de sa gestion morale et spatiale.

Après avoir expliqué comment les rites mortuaires structurent habituellement la question de la mort en Haïti, l'aspect logistique mis en marche au niveau individuel comme collectif pour résoudre le problème de la létalité massive et soudaine provoquée par le séisme sera abordé. Mis à l'écart mais sans cesse rappelés par les tombes éparses, les fosses communes, et les corps toujours dans les décombres, la mort et les morts sont omniprésents dans le paysage matériel comme spirituel des Haïtiens. L'entretien de la mémoire de la catastrophe sera ensuite évoqué : les pertes humaines sont avant tout mentionnées par des structures religieuses, symboliques, et culturelles. On se demandera alors si la quasi-absence officielle d'entretien mémoriel de la catastrophe et de ses morts traduit l'absence de préoccupations des élites et des politiques sur le reste de la population.

1. Rites de mort, rites de passage

La mort a plusieurs dimensions, explorées depuis longtemps par de nombreux anthropologues (Thomas, 1975). L'une d'entre elle est purement matérielle : le corps ne vit plus, il se dégrade. Après le séisme, la présence de cadavres en masse, la chaleur, l'humidité, et le manque de moyens pour gérer et conserver les corps (les morgues étaient saturées et abîmées, leurs chambres froides souvent inopérantes), ont confronté les vivants au problème de la décomposition des corps, avec ses écoulements, ses odeurs, et la multiplication des animaux charognards et des mouches (Corbet, 2011), etc. Or, bien qu'un cadavre ne représente pas un danger épidémiologique (« un corps sain fait un cadavre sain » est une expression bien connue du milieu médico-légal), sa présence est associée à la maladie et sa vue renvoie à la perte d'un semblable et à ce qu'on pourrait être : une enveloppe charnelle qui se dégrade, à laquelle le vivant n'est pas habitué. À travers le monde, cet aspect est souvent combattu par l'inhumation, la crémation, l'abandon dans des régions arides, ou par des techniques d'embaumement et de maquillage du défunt (la thanatopraxie).

Dans toutes les religions, une cérémonie suivant des gestes codifiés permet le passage du monde des vivants à celui des morts. Ces rites d'enterrement et d'ancestralisation assurent au défunt qu'il peut continuer une vie dans un « au-delà » détaché de son enveloppe corporelle : ils permettent de mettre à distance le mort, tout en le respectant. Bien qu'il y ait de multiples croyances en Haïti, le *vodou* – exercé de manière pleine ou syncrétique – est omniprésent. Le nourrisson a d'ailleurs souvent deux baptêmes : un chrétien, et un autre le plaçant sous la protection d'un esprit tutélaire dit *lwa rasin* (l'esprit racine) (Hurbon, 1993). Le *vodou* haïtien considère qu'un lointain dieu créateur existe : c'est *Bondye* (le bon dieu). Mais ce *Gran Met* (grand maître) n'a pas le temps, ni aucun intérêt, à s'occuper des humains. Il y a donc des esprits intermédiaires, les *lwas* – équivalents des saints catholiques –, avec qui chacun peut interagir, notamment par le biais de la magie. Les *lwas* peuvent être rencontrés lors de cérémonies animées par des maîtres de la religion (les *hougans* ou leurs équivalents féminins, les *mambos*). On peut s'assurer leur amitié par des offrandes, et ils se manifestent parfois à travers la nature ou en intervenant directement sur les aléas de la vie. Ces *lwas* sont multiples, et le *Baron Samedi* est un des plus célèbres : avec sa femme *Gran Brigitte*, il s'occupe de la mort et est le maître du cimetière, où une croix noire incarne sa présence.

Lorsqu'une personne meurt, le *gros bon ange* du défunt, qui est la force de vie contenue dans chaque vivant, se détache du *ti bon ange*, qui est la part de son âme lui donnant sa personnalité et ses caractères propres (c'est ce *ti bon ange* qui quitte le corps lors des transes ou pendant la nuit, ce qui explique hallucinations et rêves). Afin que le *gros bon ange* puisse être libéré et qu'il rejoigne le *Gran Met*, le *hougan* doit effectuer un rite de séparation dit *govi*, qui passe notamment par une cérémonie autour de l'eau et d'un récipient qui recueille l'âme et les *lwas*. Ces diverses étapes liées au décès sont toujours respectées par la grande majorité des Haïtiens, au moins partiellement. Si, pour des raisons de conservation des corps, les enterrements citadins ne respectent plus que rarement la période de neuvaine (veillée de neuf jours lors desquels les proches se recueillent tout en effectuant des rituels aux *lwas*), la « promenade » du défunt jusqu'à sa dernière demeure perdure : le convoi mortuaire doit s'arrêter aux carrefours et le cercueil y être tourné dans toutes les directions afin que le mort, perdu, ne puisse retrouver son lieu de décès et y revenir. Après l'inhumation, des offrandes sont dispensées sur la tombe ou près de la croix du *Baron Samedi*. Ce dernier rejette l'âme du mort si ces étapes ne sont pas suivies : elle est renvoyée dans le corps du défunt qui, « mal mort », est coincé entre deux mondes. Il devient alors un mort-vivant, un *zonbi*. Mais si tout est en ordre, l'âme peur retourner en *Gine* (Guinée), c'est-à-dire en Afrique de l'Ouest, et plus particulièrement dans le Dahomey (actuels Bénin et Ghana), qui est la région originaire de nombreux esclaves amenés en Haïti, mais aussi le référentiel originel de l'univers mystique *vodou* (Hurbon, 1993).

Le mort est à nouveau au centre de rituels un an et un jour après son décès, pour que son âme sorte des eaux où elle est encore retenue (*anba dlo*) et qu'elle puisse être totalement libérée, ainsi qu'à des moments clés tels que celui de la fête des morts, le 2 novembre. Défilent alors des personnes portant les attributs de *Baron Samedi* et de *Gran Brigitte*, mais aussi de *Baron Cimetière* (qui empêche le défunt de sortir du cimetière), de *Baron La Croix* (qui va chercher l'âme du défunt pour l'amener à sa dernière demeure), de *Baron Kriminel*, ou du *guede nibo* (pour ceux qui sont décédés d'une mort violente). Ils incarnent les *guede*, qui sont le relais entre morts et vivants, dansent dans les rues à la Toussaint et lors de carnaval, et témoignent du rapport vodouisant dans lequel les morts font partie de la vie (Lescot, 2010).

2. Le temps de la catastrophe : gérer la mort, vivre avec les morts

La gestion de la mort, en Haïti, est donc une affaire culturelle et sociale, donnant lieu à plusieurs rites permettant le passage de l'âme d'un monde à l'autre. Quelles furent les attitudes adoptées quand les rites d'ancestralisation ne purent être effectués, en particulier quand les corps des défunts n'étaient pas retrouvés ou qu'ils étaient partis, collectivement et indistinctement, dans des fosses communes ?

Les premiers jours suivant le séisme, les cadavres qui étaient évacués des décombres étaient déposés le long des routes. Ils étaient alors cachés sous des draps ou des morceaux de papier. Recouvrir le défunt permettait à la fois de respecter son corps et, pour les vivants, de prendre une distance avec la mort. Mais les premières nuits, cette présence de corps recouverts heurta beaucoup ceux qui traversaient les villes car « les vivants dormaient à côté des morts », dans un temps d'indistinction entre le mort et le vivant (Scapin, Van Eecke, 2012).

Passés ces premiers temps de stupeur, il fallut évacuer les cadavres. La majorité de la population se vit confrontée à plusieurs problèmes : comment les transporter, comment conserver les dépouilles quand les morgues n'avaient plus d'électricité pour leurs chambres froides et négociaient des tarifs prohibitifs, où et comment les enterrer ? Certains avaient les moyens de trouver une voiture et une morgue en état de fonctionnement, les plus riches enterrant leurs proches dans des cimetières privés. Mais les cimetières communaux, vers lesquels se dirigeaient spontanément les familles, furent vite saturés. De nombreuses tombes y ont même accueilli plusieurs corps (au cimetière principal de Port-au-Prince, elles sont marquées d'une croix). Comme beaucoup d'Haïtiens viennent de provinces parfois éloignées de la capitale, mais auxquelles ils restent très attachés bien qu'ils n'y retournent que rarement, le renvoi dans la région d'origine fut privilégié quand un moyen de transport était disponible. Le défunt rejoignait ainsi parfois son *lakou* initial et contribuait à y fonder l'ancestralité de sa famille (le *lakou* vient du français « la cour » et désigne l'espace central entre les habitations d'un même lignage). Accompagner son proche au cimetière ou l'enterrer au sein de sa région d'origine ou de son *lakou* fut vécu par les vivants comme la réalisation d'un devoir social envers le mort qui, bien respecté et « bien mort », peut retourner en *Gine* sans porter préjudice aux vivants. Replacer ainsi le mort dans un contexte social habituel permettait également de normaliser la catastrophe.

De leur côté, le corps des étrangers (expatriés membres d'ONG, de l'ONU[2], hommes d'affaires...) ont pour certains été recherchés par des équipes spécialisées venues de leur pays d'origine : les méthodes d'identification et de traitement des corps s'appuyaient sur les guides du Comité international de la Croix-Rouge et d'Interpol (CICR, 2009, Interpol, 2009). Les Français identifièrent et rapatrièrent la dépouille de trente-trois de leurs compatriotes, grâce à l'intervention de l'Unité nationale d'identification des victimes de catastrophes (UNIVC) (Corbet, 2011). Cette attention portée aux étrangers – ou du moins à certains étrangers, beaucoup de pays n'ayant pas organisé la recherche des corps de leurs citoyens – s'est donc basée sur des recommandations techniques. Il en fut de même pour le choix du lieu devant accueillir les fosses communes principales. À Port-au-Prince, ce sont les équipes de l'UNIVC qui ont conseillé au gouvernement haïtien de mettre en place des dépôts mortuaires temporaires au sein des villes. Des camions venaient ramasser les cadavres qui y étaient déposés pour les amener sur divers sites creusés à travers la ville, tel qu'au cimetière général de Port-au-Prince, et, surtout, au nord de la région.

Plusieurs dizaines de milliers de corps furent ainsi collectés pour être enfouis. L'envoi de nombreux cadavres dans les fosses communes fut tantôt choisi par défaut, pour ceux qui ne pouvaient s'occuper de leurs défunts, tantôt imposé (pour les dépouilles anonymes). Mais avec les fosses communes, les survivants n'avaient aucune assurance sur le devenir des âmes des défunts. L'enfouissage des corps s'effectuait principalement la

2. La Mission des Nations unies pour la stabilisation en Haïti, en opération depuis 2004, perd 96 personnes lors du séisme, notamment avec l'effondrement de son siège, à l'hôtel Christopher.

nuit, en présence de peu de témoins et de maîtres du culte non coordonnés ni organisés. Le devoir lié aux morts a donc échappé à ceux dont c'est la fonction : la famille et les maîtres religieux. Dans la vision du monde *vodou*, les âmes de ceux qui ont été enterrés collectivement, sans que les gestes rituels ne soient effectués, sont forcément insatisfaites. Elles peuvent revenir se venger ou hanter les vivants : les fosses communes ne seraient-elles pas le site de possibles *zonbis* désœuvrés, dont le passage dans l'au-delà n'a pas été entériné, et dont les âmes errent (Thomas, 1963) ?

Les fosses communes sont aujourd'hui perçues comme des sites où les défunts ont été *abandone*, d'autant plus que les plus importantes ont été creusées dans un endroit rationnellement idéal (proche d'une route, à la terre meuble…) mais symboliquement redouté. Il s'agit de Titanyen, ancienne décharge sauvage au nord de la ville, où furent effectuées de nombreuses exécutions politiques lors des dictatures duvaliéristes[3]. Dans l'imaginaire collectif, ce site est donc apparenté à un lieu d'abandon pour les déchets et les corps, traités comme des enveloppes charnelles devenues inusitées.

On pourrait croire que les fosses communes ont mis à distance les morts pour que les vivants puissent continuer de vivre. Mais ces enterrements collectifs, où la gestion technique des cadavres primait, les ont rendus omniprésents. En effet, ce geste d'éloignement, motivé par l'ampleur de la catastrophe, finit par poser problème aux vivants : les fosses communes sont un élément discursif récurrent dans les récits, ce qui alimente les craintes ou rumeurs liées à l'absence de lieux de mémoire dont on parlera plus tard. En somme, la gestion très pragmatique des fosses sous-entend que la mort relève avant tout d'une préoccupation hygiéniste : une fin moins importante que la gestion des vivants. Un état qu'un dispositif promouvant la « politique de la vie », en étant fondée sur les vivants, relègue dans un monde mis à l'écart (Fassin, 2000).

Pour éviter que le proche décédé n'aille rejoindre les anonymes dans les fosses, certaines personnes choisirent l'inhuma-

3. François Duvalier puis son fils Jean-Claude Duvalier, de 1957 à 1986.

tion près de leur domicile ou la crémation, ce qui n'est en rien habituel en Haïti. Cependant, dans l'immédiateté post-catastrophe, ce fut non seulement un moyen de s'approprier le corps mort et d'échapper à la collectivisation et à l'indistinction des fosses communes, mais aussi de s'assurer du respect du corps et de l'âme du défunt. Les rites, d'habitude associés à l'inhumation, étaient effectués par des méthodes de substitution, permettant à l'esprit du mort de continuer sa vie dans l'au-delà. Par exemple, le linceul qui entourait le défunt était aspergé d'alcool ou de rhum, lequel est utilisé dans la plupart des cérémonies comme une offrande aux esprits. Des *veves* (dessins symbolisant les *lwas*) étaient tracés sur le sol. La plupart des personnes qui ont choisi la crémation l'ont effectuée envers des êtres qui leur étaient très proches, souvent des enfants.

Face à la réalité macabre qui s'imposait aux populations, différentes tactiques de mise à distance des morts pour préserver l'équilibre des vivants, tout en tentant de respecter le défunt, furent donc adoptées. À la cruauté de la mort qui a frappé au hasard, de l'identification ou non du défunt et des possibilités ou non des familles de leur consacrer un enterrement digne, s'ajoutèrent la confusion de l'envoi dans des fosses aux sombres renommées et la question du traitement des cadavres qui ne respectaient pas les rites appropriés. Ainsi, si le séisme est toujours si présent en Haïti aujourd'hui, c'est tant par les souvenirs et les cauchemars qu'à travers les décombres qui parsèment encore les villes, mais aussi à cause de l'absence de reconnaissance mémorielle collective des morts.

3. Après la catastrophe : dire la mort particulière au sein de la mort collective

Aujourd'hui encore, on trouve des corps de personnes décédées lors du tremblement de terre quand les décombres des bâtiments détruits sont retirés ou quand des infrastructures de reconstruction, telles que des fondations ou des égouts, sont creusées. Ces découvertes sont censées donner lieu à des recherches dans le but d'identifier la dépouille, et à des enterrements organisés par la communauté locale. Mais dans la grande majorité des cas, les corps partent avec les gravats : les cadavres, devenus ossements anonymes et d'apparence minérale – donc moins effrayants que quand ils étaient en décomposition –, sont déversés dans les ravines ou réduits en poussière pour combler les trous des routes. Ces cadavres qui parsèment tout l'espace public contribuent à donner au territoire usité du quotidien une dimension morbide. Certes, les villes haïtiennes sont toujours foisonnantes de vie, avec leurs transports embouteillés, leurs petites boutiques le long des rues, la musique volant d'un quartier à l'autre… Mais le sentiment du drame se prolonge et la catastrophe s'inscrit toujours en filigrane dans le quotidien des habitants, où les morts comme les disparus continuent de hanter les lieux (Corbet 2011).

Face à toutes ces craintes, notamment envers l'inquiétude autour de ceux qui seraient « mal morts » et qui pourraient revenir se venger de leur sort, en provoquant une maladie ou un accident par exemple, de nombreuses organisations de solidarité internationales ont souhaité porter une attention psychologique à la population, et en particulier aux enfants. Ce genre de soins de santé mentale demande un suivi dans la durée, ce que peu d'organisations purent mettre en place, la plupart des ONG ne restant qu'un temps limité sur place (quelques mois ou quelques années). En outre, l'offre de soins gratuits a déstabilisé les structures locales préexistantes à l'arrivée des ONG (Gouzerh 2010). Mais, surtout, un décalage s'est révélé entre la nécessité réelle ou exprimée de l'aide psychologique, et les réponses données à ce besoin. Ce décalage est souvent propre aux différentes lectures et interprétations de la catastrophe (Revet, 2010). Ainsi, les soins psychologiques proposés furent peu investis par les Haïtiens, qui craignaient d'être incompris par des médecins venus de l'Occident, et qui redoutaient l'usage de magie noire et d'éventuelles manipulations qui pourraient avoir lieu entre le psychologue, l'esprit du vivant (le patient), et celui des morts. Par ailleurs, chacun ayant été touché par le tremblement de terre, à quoi bon s'attarder sur son cas et s'interroger sur ce qui est banal, voire même sur ce qui est devenu normal ?

D'autres pratiques à la fois commémoratives et cathartiques, plus culturelles, ont alors été spontanément mises en œuvre par la population afin d'évoquer et de remettre un peu d'ordre dans le paysage mortuaire post-catastrophe. En Haïti, les cadres d'expression de soi et du mal-être général sont autorisés lors des réunions religieuses, qu'elles soient œcuméniques ou confessionnelles : la plainte personnelle s'y lie à celle collective de manière admise, reconnue, et même valorisée. La ferveur des rassemblements religieux est exprimée par des chants, des larmes, des cris, voire des transes. Signes de foi bien sûr, ces manifestations sont aussi de vrais lieux de catharsis. Toutefois, certains – et en particulier les chrétiens évangélistes, dont les églises se développent très rapidement depuis le tournant du siècle – ont tenté d'ostraciser le *vodou* et d'alimenter la rupture entre des « mauvaises pratiques » animistes et la modernisation d'Haïti à travers de nouvelles croyances. Ainsi, dès le lendemain du séisme, le prédicateur évangéliste américain Pat Anderson a déclaré que la catastrophe était une punition de dieu car les Haïtiens ont fait un « pacte avec le diable » en adoptant les croyances *vodous*. Ce « pacte » fait référence à la cérémonie *vodou* de Bois-Caïman qui eut lieu en août 1791, et qui marque le début de la guerre d'indépendance d'Haïti. Cette perspective évolutionniste, qui considère qu'en adoptant une « bonne » religion, le pays serait enfin « civilisé » et pourrait se développer, est un discours encore entretenu actuellement pour favoriser les conversions. Le séisme y est interprété comme l'expression d'un dieu « vengeur » qui punit le pays. Ce dieu, mécontent de la hiérarchie catholique ne luttant pas assez contre le *vodou* ou, selon les versions, trop détachée de la population, aurait organisé le séisme pour détruire la cathédrale. En colère contre la classe politique, corrompue et inefficace, et contrarié par le poids pris par l'ingérence étrangère, il aurait aussi fait écrouler le palais national et mettre à bas l'hôtel qui hébergeait le quartier général de la Mission des Nations Unies pour la stabilisation en Haïti (Corbet 2014).

Où vont ceux qui veulent commémorer ou « rencontrer » leurs morts ? Le cimetière général, qui a toujours été un endroit permissif (c'est un lieu de cérémonies *vodous*, de rencontres amoureuses, et de promenades), a vu sa fréquentation augmenter. Comme il est plus facile de s'y rendre qu'à Titanyen, c'est devenu un site de « retrouvailles » avec l'esprit des morts en général, quel que soit l'endroit où ces derniers ont été enterrés. La période post-séisme a amorcé une recrudescence des visites auprès de la croix du *Baron Samedi*. Cachées dans les méandres du cimetière, les offrandes s'y succèdent sans cesse, en particulier quand le soleil est à son zénith et à minuit. De manière générale d'ailleurs, le *vodou* et l'omniprésence du monde mystique restent un langage commun pour échanger sur la catastrophe. Au centre-ville, la cathédrale de Port-au-Prince, dont seul le Christ en croix est demeuré intact, s'avère un autre lieu de réunion et de prières, au-delà de son caractère catholique. Quotidiennement, des espaces de parole improvisés se multiplient, en particulier dans les *taps-taps* (petits bus privés). Il n'est pas rare de voir certaines personnes y raconter leurs douleurs dans l'anonymat, accompagnées par le reste des passagers qui lient leurs propres récits à ces discours du malheur.

Parmi tous ces moments permettant de déclencher la parole et l'expression de la catastrophe, beaucoup ont une dimension artistique : ainsi l'art, dont tous les domaines sont très valorisés en Haïti, fut très marqué par le séisme. Outre les nombreuses œuvres littéraires, telles que celles écrites par Yanick Lahens, Frankétienne, Dany Lafferière, Lyonel Trouillot, ou Kettly Mars – qui font la fierté de la population mais qui sont essentiellement lues par l'élite haïtienne ou par des étrangers – on se contentera de citer la pièce de théâtre « Zonbi Lage ». Ce spectacle, présenté par la compagnie Zhovie, avait été imaginé antérieurement au séisme. Après la catastrophe, il fut retravaillé et soutenu par l'Organisation des Nations unies pour l'éducation, la science et la culture (UNESCO). Les représentations mêlaient des scènes très réalistes du séisme, l'intervention d'esprits *vodous*, des chansons populaires, et des lectures de textes de Frankétienne. Jouée à travers les camps de déplacés au lendemain du séisme, des acteurs y mimaient les corps amassés dans des pelleteuses et leur déversement dans des fosses communes, ce qui soulevait de nombreux rires : des rires de décompression, qui relativisent et dédramatisent l'horreur, indissociables d'une vision où la mort et les morts sont considérés comme des êtres à part entière dont on peut avoir peur mais dont on peut aussi se moquer. La période de Carnaval, en mars 2011, a aussi vu émerger des figurations très crues et sanglantes des morts, exposées à travers les villes de manière dramatique, obscène ou grotesque. Outre les traditionnels costumes de couleur et défilés de *guede*, certains s'y sont déguisés en *zonbis* et d'autres en *Madame Kolera*, la maladie étant apparue en octobre 2010.

Derrière ces expressions de soi éparses, les Haïtiens nomment la catastrophe par différents noms, comme s'ils s'appropriaient une part du phénomène pour la personnifier ou lui donner sens. Si le terme *tranbleman tè* (tremblement de terre) revient parfois tout comme celui du *12 janvye*, de *bagay la* (la chose), voire du *dezas* (le désastre), celui de *goudougoudou* – qui évoque une onomatopée traduisant le bruit provoqué par le déchirement de la terre – revient couramment.

Le traumatisme du séisme s'étend donc au-delà des stigmates de la destruction, et s'exprime avec des initiatives ponctuelles. Alors que les domaines du religieux et des arts ne sont pas en reste pour faire une place aux expressions du drame, tout en cherchant à lui faire sens, ce n'est pas le cas pour son inscription dans l'histoire nationale officielle.

4. Les stigmates de la catastrophe, à l'écart mais omniprésents

Une grande partie de la population haïtienne vit dans une précarité de chaque instant. La catastrophe, pour beaucoup, semble avoir été vécue comme un événement difficile de plus, avec en compensation de son ampleur l'« avantage » d'avoir été limité dans le temps et circonscrit à janvier 2010. À l'inverse, les dictatures et les déséquilibres politiques sont récurrents, et la pauvreté persistante. Ainsi, comme après chaque difficulté, la vie quotidienne s'est réorganisée, même pour les plus déshérités qui vivent de débrouille et luttent au jour le jour pour des besoins essentiels. En ce sens, le séisme fut certes un moment d'arrêt, mais inscrit dans une continuité d'événements. Il s'intègre dans l'histoire turbulente d'Haïti, faite de tensions et de blessures permanentes vécues de manière très personnelles, mais toujours dans une communauté de malheurs.

Les tentatives de commémorations mémorielles officielles du tremblement de terre, rares, dispersées, et peu relayées auprès des populations, ajoutent au drame du séisme celui d'un manque – d'un oubli – dans l'histoire du pays. Il n'y a ni lieu, ni symbole autour desquels pourrait se resserrer une communauté nationale. Par exemple, les commémorations annuelles près des fosses communes de Titanyen rassemblent plus de journalistes et d'étrangers que de Haïtiens, tous issus de l'immuable petite classe politique, tous en permanente campagne électorale : la référence à la catastrophe est alors surtout un moyen empathique de se montrer proche de la population, sans qu'aucune unité, même temporaire, ne suive les paroles compassionnelles. Ces temps de recueil semblent bien faibles quand on considère que, le reste de l'année, les fosses sont envahies d'herbes folles, à peine visibles, juste signalées par un petit monument commémoratif sur lequel est écrit un paradoxal : « 12 janvier 2010. *Nou pap janm bliye* » (on ne peut pas oublier)[4].

Les autorités ont surtout tenté de renommer Titanyen du nom d'une montagne adjacente, *morne* Saint-Christophe : un truchement nominatif qui n'a toutefois pas été adopté par la population. Par ailleurs, seul un site de fosses communes est matérialisé : de nombreux autres sont négligés et non visibilisés par des clôtures ou des panneaux indicatifs. De même, la fosse commune du cimetière général de Port-au-Prince n'est pas accessible. La zone a été emmurée d'un côté et grillagée de l'autre, afin que le fer de la sculpture commémorative « L'ange des astres » créée par Saint-Éloi, financée par l'Agence des États-Unis pour le développement international (USAID) et commandée par la mairie, ne soit pas dérobé. Au cœur même de la ville, près de *kafou ayopo* (Carrefour Aéroport), d'autres fosses sont uniquement matérialisées par l'absence d'habitation : elles ne sont pas recouvertes de tentes et de tôles, alors que le quartier est très densément peuplé par des

4. Un nouveau mémorial a été construit en 2016, et quelques brèves commémorations y ont eu lieu, mais Titanyen demeure dans le silence le reste du temps.

déplacés. La vacance de l'espace marque les lieux de morts et, encore une fois, l'absence rappelle de manière visible ceux pour qui on n'a rien fait. Quant aux *zonbis* redoutés, un large et pragmatique consensus, validé par des *hougans*, s'est accordé sur le fait que, les fosses ayant été une nécessité et une exception, ceux qui y ont été ne peuvent réclamer vengeance ou réparation pour leur enfouissement collectif. Un arrangement rassurant pour les vivants, qui laisse toutefois flotter bien des doutes sur le sort des morts.

La catastrophe haïtienne n'a donc pas été prise en charge par la collectivité en tant que nation, ni par des symboles forts de la part du dispositif étatique, comme s'il n'y avait rien d'exceptionnel au drame. Il n'y a pas de réponse possible aux fosses communes et au désordre post-séisme, pas de responsable à blâmer, pas d'interlocuteur. Aucun acte mémoriel ne permet aux Haïtiens de baliser leur rapport aux disparus éparpillés dans le paysage réel et mental, et de ne plus se débattre avec leurs états d'âme et questionnements sur ce que sont devenus leurs proches décédés. La mémoire de la catastrophe prend donc principalement des formes non officielles, non formalisées, populaires : psychologiques, hantant les rêves et les mémoires; matérielles, tant les villes encore parsemées de décombres rappellent incessamment le séisme; culturelles, car la réponse au malheur voit différents ancrages dans la culture (religieuse, artistique, symbolique, etc.); et économiques, car les efforts de tous les jours pour survivre ont une dimension très palpable qui caractérise Haïti depuis toujours.

Avec le séisme, la mort a fait irruption de façon imprévisible et massive, désorganisant la société. Cette absence de réponse collective à la catastrophe laisse se développer l'incertitude, encore aujourd'hui. Sans mémoire « officielle », il n'y a que la mémoire « évènementielle », faite de souvenirs, d'émotions, et d'imaginaire, qui témoigne encore de la catastrophe (Clavandier, 2004). Que le gouvernement haïtien place des mots sur les morts serait une des manières de vivre avec eux, et non de les occulter ou de les mettre de côté – alors même qu'ils sont au cœur de la quotidienneté. Cette absence de considération envers les morts reflète le profond hiatus ancré en Haïti entre les différentes classes sociales, comme s'ils étaient oubliés tels qu'ont pu l'être les morts des dictatures.

On l'a vu, les fosses communes sont un lieu de relégation pour ceux qui sont, en période de tension d'une société, surnuméraires, exclus, inutiles : les « déchets humains » (Bauman, 2009). Quand il n'y a pas eu de prise en main personnelle de la gestion des morts, le régime d'urgence imposé par la catastrophe a mené à une déshumanisation du traitement des morts – et donc des vivants – notamment à travers la mise en fosses. De la même manière, lors de la gestion de la crise provoquée par la maladie Ebola en Guinée en 2014-2015, pendant laquelle les ONG ont respecté de drastiques modes de gestion des cadavres sans tenir compte des pratiques socioculturelles des vivants, il y a eu une « production sociale de l'indifférence » (Le Marcis, 2015). Le traitement indifférencié des corps, opposé aux tentatives de réappropriations individuelles du corps du défunt, est à l'image de l'abandon de la société haïtienne par son élite sociale et politique. Ainsi les riches, plutôt chrétiens, plutôt blancs de peau (Labelle, 1987), ont eu droit à des enterrements particuliers : ils dominent, jusque dans la mort, les plus pauvres, plus noirs, souvent plus vodouisants, et anonymes.

Ce rapport de pouvoir entre riches et pauvres renvoie violemment à la déshumanisation et à la massification des défunts envoyés en fosse commune. Il reflète également l'abandon constant de la population par la classe politique : après des élections controversées ayant porté au pouvoir Martelly, en mai 2011, et malgré les efforts et les aides financières importantes de la communauté internationale, le gouvernement n'a pu que très difficilement organiser les élections de son successeur, laissant Haïti sans président élu de février à fin novembre 2016. Dans ces aléas politiques incessants, le souvenir des morts n'est pas prêt de s'inscrire dans la mémoire nationale, et à défaut reste plus que jamais présente dans l'histoire meurtrie de la population.

BIBLIOGRAPHIE

Bauman Z., 2009, *Vies perdues. La modernité et ses exclus*, Paris, Rivages.

CICR, 2009, *Personnes disparues, analyses ADN, et identifications des restes humains*, Genève, CICR.

Clavandier G., 2004, *La mort collective. Pour une sociologie des catastrophes*, Paris, CNRS.

Corbet A., 2011, *La mort et les morts à Haïti suite au séisme du 12 janvier 2010*, Rapport commandé par la Délégation aux affaires stratégiques du ministère de la Défense, Paris, DAS.

Corbet A., 2014, « Invisibles omniprésents, les morts du séisme », *in* Hurbon Laennec *Catastrophe et environnement*, Paris, EHESS, pp. 29-58.

Fassin D., 2000, « Politiques de la vie et politiques du vivant. Pour une anthropologie de la santé », *Anthropologie et Sociétés*, 24 (1), pp. 95-116.

Gouzerh D., 2010, « La santé en Haïti, un service public ou un système privé ? », *Issues de secours. Quels enjeux pour l'humanitaire ?*, 21 juin. En ligne sur : http://humanitaire.blogs.liberation.fr, consulté le 25 janvier 2016.

Hurbon L., 2004, *Religion et lien social : L'église et l'état moderne en Haïti*, Paris, Cerf.

Hurbon L., 1993, *Les mystères du vodou*, Paris, Gallimard.

Interpol, 2009, *Guide sur l'identification des victimes de catastrophes*, Lyon, Interpol.

Labelle M., 1987, *Idéologie de couleur et classes sociales en Haïti*, Montréal, Les Presses de l'Université de Montréal.

Le Marcis F., 2015, « "Traiter les corps comme des fagots". Production sociale de l'indifférence en contexte Ebola (Guinée) », *Anthropologie et santé*, 11. En ligne sur : htttp://anthropologiesante.revues.org, consulté le 25 janvier 2016.

Lescot A., 2010, « Haïti : pas de vie sans mort, pas de mort sans vie », *Les Inrocks en ligne*, 31.01.2010. En ligne sur : http://www.lesinrocks.com, consulté le 25 janvier 2016.

Oliver-Smith A., 2010, « Haiti and the Historical Construction of Disasters », *NACLA Report on the Americas*, 43 (4), pp. 32-36.

PNUD, 2015, *Rapport sur le développement humain 2015*, New York, PNUD.

Revet S., 2010, « Le sens du désastre. Les multiples interprétations d'une catastrophe "naturelle" au Venezuela », *Terrain*, 54, pp. 42-55.

Scapin F., Van Eecke P., 2012, *Goudougoudou*, Polymorfilm.

Schwartz T. (dir.), 2011, *Building Assessments and Rubble Removal in Quake-Affected Neighborhoods in Haiti, BARR survey final report*, Washington DC, LTL Strategies.

Thomas L.-V., 1975, *Anthropologie de la mort*, Paris, Payot.
Thomas L.-V., 1963, « Remarques sur quelques attitudes négro-africaines devant la mort », *Revue française de sociologie*, 4, pp. 395-410.

5 Du corps comme support de la ritualité au fragment comme maintien de la personne. Étude des catastrophes contemporaines

Gaëlle **Clavandier**

Durant près de cinq années, de 1995 à 2000, nous avons étudié des catastrophes de grande envergure, notamment sous l'angle de la prise en charge des corps, de leur identification à leur éventuelle restitution aux familles[1]. Analysant ces catastrophes comme des morts collectives (Clavandier, 2004), la question du devenir des corps et du souvenir des morts était centrale. L'idée de documenter ces situations au travers de l'histoire nous a amenés à réaliser un terrain assez éclectique. Il consistait à interviewer à distance des faits, par le biais d'entretiens, des personnes ayant vécu de tels drames (que ce soit des sauveteurs, journalistes, élus, victimes, ou simples témoins). Il impliquait également de recueillir des données de seconde main à partir d'indicateurs tels que les techniques de reconnaissance des corps, les lieux de dépôt de ces derniers, puis de recueillement et de cérémonie, la remise de la dépouille mortelle aux familles ou son inhumation dans des espaces dédiés. Certes, pour les événements les plus anciens ou les moins médiatisés, les sources sont relativement éparses et peuvent être incomplètes, néanmoins, le tour d'horizon effectué donnait une bonne idée des enjeux relatifs au corps, ainsi que de l'évolution du rapport à la mort (Clavandier, 2009). Allant de l'incendie du Bazard de la

1. Cette étude portait sur une quinzaine de catastrophes s'étant produites sur le sol français de 1897 pour la plus ancienne, à 1999 pour la plus récente. C'est davantage le nombre de victimes, que le type ou l'origine de l'événement qui a constitué un critère de sélection.

Charité en 1897, au crash du mont Saint-Odile en 1992, les cas étudiés couvraient un panel assez large de catastrophes et accidents, tant par leur origine, le nombre de décès, que leur date.

Dans le cadre de cette contribution, nous reprendrons les principales conclusions auxquelles nous étions parvenus, afin de les rediscuter à l'aune des transformations contemporaines. Assistons-nous au passage d'un modèle à un autre ? Sommes-nous dans une phase de transition où les types de prises en charge se superposent pour donner lieu à des arrangements ? La principale révolution tient aux techniques d'identifications qui ont été totalement revisitées (relevage des corps, analyse médico-légale, prélèvement ADN). Elles permettent désormais, avec peu de marge d'erreur, d'établir l'identité des défunts, une situation loin d'être la norme jusque dans les années 1990. Dans le même temps, sans qu'il n'y ait de solution de continuité, dans un contexte où la mort s'est intimisée (Déchaux, 2000, 2001), il devient incongru de ne proposer qu'une réponse collective et rituelle à ce type de décès. Dès lors, les mobilisations changent d'espace de réalisation, pour investir la voie associative et ont pour objectifs de défendre les victimes et d'établir de nouveaux référentiels en matière de prévention des risques (Decrop, 2003). Certes, les cérémonies en hommage aux défunts existent toujours, mais l'heure semble être à une individualisation des gestes, à l'égard des corps et des familles, même si le sentiment d'une catharsis demeure.

Nous centrant sur les corps, leur présentation, leur identification, leur devenir, il sera question de mesurer le trajet accompli en quelques décennies renversant ou déployant les modes d'intervention. Cette contribution mettra à la discussion ce changement de perspective *du corps comme support de la ritualité*, au *fragment comme maintien de la personne*.

1. De l'archétype du recueillement collectif

Les catastrophes et accidents étudiés ont tous donné lieu, à des échelles diverses, à l'élaboration d'un recueillement collectif qui prend appui sur des espaces, comme celui de la chapelle ardente ou encore de la stèle en souvenir des victimes, et de temps forts avec notamment la cérémonie en hommage aux morts.

Lors d'une catastrophe de grande envergure, les corps des victimes sont, le plus souvent, déplacés du lieu (des lieux) du drame pour être regroupés dans un espace clos. Il convient, au plus vite, de retirer ces corps afin qu'ils soient soustraits au regard des badauds ou des médias et de leur redonner une dignité face à l'affront qu'ils ont connu. Le nombre a des répercussions sur le traitement des corps. Pourtant, dans de telles circonstances, il est primordial de traiter au plus vite ces cadavres. Leur prise en charge nécessite de tenir compte du caractère collectif, cela de manière pratique. En effet, il est essentiel de trouver un lieu suffisamment grand et apte à recevoir tous les corps. En aucune façon ils ne peuvent être dispersés dans des lieux plus appropriés. Ils sont rassemblés pour des raisons pratiques, mais aussi symboliques. Séparer les cadavres reviendrait à multiplier les risques de contamination[2] par une dispersion pouvant être incontrôlée. Cette séparation pourrait signifier également que des différences de traitement sont instaurées, ce qui d'un point de vue moral serait inacceptable pour les familles. La dispersion des victimes remettrait en cause une modalité valorisée lors des cérémonies funèbres, celle du resserrement sur le collectif de victimes ; une modalité qui, dans cette phase, ne peut se matérialiser que par le regroupement des corps. Ainsi, la répartition des blessés dans différents hôpitaux est considérée comme souhaitable, puisqu'elle permet d'orienter et de traiter chaque victime en fonction de la gravité de ses symptômes. À l'opposé, la dispersion des cadavres est inimaginable (Clavandier, 2004, p. 92-93).

Juste après le drame, les dépouilles sont disposées dans une chapelle ardente. Les forces de l'ordre et le corps médical procèdent aux premières constatations sur les lieux de la catastrophe, mais il n'est pas rare qu'ils poursuivent leurs investigations dans cet espace. À supposer que leur état le permette, les corps sont présentés aux

2. Contamination symbolique, en référence aux travaux anthropologiques sur cette question. Voir notamment, James Frazer, *La crainte des morts*, 1934 et 1935.

familles présumées afin qu'elles puissent éventuellement les reconnaître. Lorsqu'ils sont trop dégradés, ils sont recouverts d'un drap, puis rapidement placés en cercueil. Nous avions également insisté sur l'ordonnancement de l'exposition des corps au sein de la chapelle ardente : cercueils identiques, présence de bouquets similaires, alignement des cercueils… visant à créer une unité de traitement. Jusqu'à la cérémonie funèbre, c'est donc l'expression d'une émotion partagée qui est cultivée, doublée d'une capacité des pouvoirs publics à maîtriser la situation. Tout est sous contrôle et les familles, si elles peuvent se recueillir en ces lieux, ne procèdent aux obsèques qu'une fois la célébration terminée, quand bien même un permis d'inhumer aurait été préalablement délivré. Les proches sont placés dans une communion de fait, et s'en accommodent vraisemblablement, ce mode de présentation n'altérant pas les émotions. Dès lors, les cérémonies funèbres ont régulièrement lieu en présence des corps, comme cela se pratique pour les funérailles.

Malgré leur diversité, les cérémonies funèbres disent la consternation qui touche l'assemblée et font l'éloge de la solidarité. Les officiels réunis en cette occasion expriment leurs plus sincères condoléances aux familles endeuillées. Ces motifs que nous ne décrirons pas davantage, sont malgré tout intéressants à mentionner puisque c'est au collectif des victimes et à leurs proches que l'on s'adresse, tout en prenant soin d'y intégrer le soutien de la nation. Du deuil individuel au deuil local, puis au deuil national, il n'y a qu'un pas. Il nous a souvent été relaté que ce n'était pas les discours en tant que tels qui étaient importants mais l'atmosphère au moment de la cérémonie :

> les discours, on ne s'en souvient pas, non pas parce que c'est un problème de mémoire, mais parce qu'à l'époque et vu l'ampleur de la catastrophe, les discours étaient secondaires. Ils n'étaient pas d'une grande ampleur, il y avait d'autres éléments majeurs, les cercueils alignés, les pleurs des familles, l'émotion qui nous envahissait tous[3].

3. Entretien réalisé avec un journaliste ayant couvert l'incendie du « 5/7 » en 1970 (entretien avril 1997).

Lorsque les corps, ou plutôt certains d'entre eux ne sont pas identifiables, ils sont inhumés dans le cimetière de la commune du lieu de la catastrophe. À Valence, Fréjus, Saint-Laurent-du-Pont[4], à des périodes différentes, des « corps sans nom » reposent dans l'enceinte du cimetière. On pourrait penser qu'il s'agit d'une réponse pragmatique à l'absence d'identification possible. Cependant, cette justification est partielle. Car, dans certaines circonstances, comme à Valence en 1919, des familles (certes une minorité) vont laisser à la collectivité le soin de prendre en charge les corps de leurs enfants, ces derniers étant inhumés dans l'espace mémoriel en compagnie de ceux qui n'auront pas été identifiés. Plus récemment, en 1982, à Crépy-en-Valois, c'est l'impossibilité, humainement parlant, de séparer les quarante-quatre enfants décédés dans la catastrophe routière de Beaune, qui conduit les familles et la commune à inhumer l'ensemble des corps dans un unique espace du cimetière[5].

La particularité des catastrophes de grande envergure modernes de la fin du XIXe siècle aux années 1980/90 concernant la prise en charge des corps (du drame à leur remise éventuelle aux familles) est de les traiter collectivement. Dans cette vision du monde, la gestion post-catastrophique vise « à faire corps ». Ici, le corps est davantage un support pour matérialiser l'horreur, la peine, puis la communion, qu'une réalité en soi. Au même titre que les lieux et actions conduites, il est un passeur pour créer un corps plus global, cette fois métaphorique. La création de ce corps social, dans cette situation si particulière que constitue l'après-catastrophe, est une manière de dire que tout est sous contrôle après l'épreuve traversée, participant à une remise en ordre. Il permet également d'entourer les souffrances individuelles en leur donnant une consistance et des limites qui dépassent un vécu intime.

---

4. Incendie de la salle Sainte-Madeleine de Valence, 1919 (129 morts). Rupture du barrage de Malpasset, Fréjus, 1959 (plus de 500 morts). Incendie du dancing le « 5/7 », Saint-Laurent-du-Pont, 1970 (147 morts).

5. Onze caveaux de quatre places ont été concédés, faisant de cet espace un unique lieu de sépulture et de recueillement.

2. À la nécessaire identification des victimes

Depuis les années 1990, même si les prémices sont plus anciennes, un ensemble de paramètres ont modifié ces modes de présentation et de recueillement. Bien qu'étant de natures très différentes et sans rapports directs les uns avec les autres, ils ont transformé radicalement les modalités de prise en charge des corps sur les scènes de catastrophe. Trois nous semblent devoir attirer notre attention. Ils contribuent, chacun à leur échelle, à la reconnaissance du corps comme support de l'identité de la personne. Le premier concerne les progrès techniques et scientifiques qui ont rendu l'identification des corps quasi systématique. Le second est consécutif à l'arrivée de nouveaux acteurs, lesquels ont créé les conditions d'une vigilance accrue. Si bien que les pratiques « en coulisses » qui pouvaient créer une zone de confort ont, si ce n'est disparu, tout au moins se sont considérablement réduites. En parallèle, et à une toute autre échelle, une évolution des sensibilités et du droit relatif à la dépouille mortelle ont eu des conséquences notables sur la manière d'appréhender les corps des victimes de catastrophe. Rendre le corps à sa famille, ce afin qu'elle puisse entreprendre son travail de deuil est devenu l'une des préoccupations des pouvoirs publics.

Les avancées techniques sont sans conteste à l'origine de pratiques nouvelles. Le médecin légiste et le chirurgien-dentiste (médecine et odontologie médico-légales) étaient jusqu'à il y a peu les deux principaux acteurs de la reconnaissance des victimes, en « faisant parler », d'après observations, dents et corps. Leur intervention s'est vue enrichie de nouvelles techniques d'investigation par la « voie génétique », en analysant des prélèvements d'ADN. Sur le sol français, la première catastrophe collective ayant donné lieu à un usage systématique des empreintes génétiques est le crash aérien du mont Saint-Odile en 1992. Le guide sur l'identification des victimes de catastrophe édité par Interpol est la référence en la matière. La confrontation des résultats des données post-mortem et ante-mortem[6] doit tendre vers une identification de façon quasi certaine. Il y est stipulé que seules les empreintes digitales, les données dentaires et génétiques constituent une preuve significative pour établir une identification. Quant aux données secondaires (objets, papiers d'identité), elles recoupent les éléments en possession des enquêteurs. De la sorte, les corps, fragments ou prélèvements partent en analyse, si bien que ces derniers peuvent être répartis, à l'image des blessés, en différents lieux (institut médico-légal, chambres mortuaires, laboratoire d'anatomie-pathologique, laboratoire de recherche de la police scientifique ou de la gendarmerie).

Il n'est plus question, comme à Melun en 1913 lors d'un accident ferroviaire, d'inhumer des corps non identifiés en glorifiant la communauté des vivants auprès de ses morts, tous les morts :

> La ville de Melun vous ouvre aujourd'hui son cimetière, morts sans figure et sans nom, que personne n'a reconnus et que nul parent n'accompagne. Elle remplace pour vous la famille qui vous manque ; et, toute émue de votre misère et de votre abandon – car dans votre anéantissement même vous connaissez encore la détresse – elle vous adopte pour ses enfants et vous creuse un lit funèbre à côté de tous les siens. Dormez dans le vieux sol de la Brie, cadavres ignorés qui, par la souffrance, êtes devenus nos frères[7].

Si à l'époque des faits, ce sont discours et métaphores qui redonnent corps à ces morts en leur octroyant une identité de substitution, collective et fraternelle, il en va tout autrement à présent.

6. Les données ante-mortem permettent de « recueillir des informations concernant une personne disparue auprès de différentes sources, telles que la famille, les amis, les médecins et les dossiers administratifs et autres. Une fois réunies et évaluées, ces données peuvent être comparées avec celles obtenues à partir des restes humains retrouvés sur les lieux d'une catastrophe. Des données de qualité suffisante peuvent permettre l'identification », Interpol, *Rapport sur l'identification des victimes de catastrophe*.

7. Discours donné par le député local le jour de l'inhumation. Voir C. Plancke, *Histoire du chemin de fer en Seine-et-Marne*, Éditions Amatels, 1991.

Le maintien de la personne, même s'il s'agit d'un fragment infime de celle-ci, est devenu incontournable. Les proches, comme les professionnels d'ailleurs, n'acceptent plus les zones d'incertitude au sujet des corps[8], à l'image de ce qui se pratiquait il y a quelques décennies encore. Ce choc des cultures avait été visible lors du tsunami de décembre 2004 où les Occidentaux faisaient de l'identification un enjeu de santé publique, alors que les autochtones, dont les pouvoirs publics locaux, pouvaient être tentés par une levée rapide des corps, les inhumant dans des charniers, voire les incinérant. L'OMS s'était alors fendue d'une recommandation symptomatique de cette tension :

> Contrairement à une croyance répandue, rien ne prouve que les cadavres constituent un risque d'épidémie après une catastrophe naturelle. (…) Les corps ne doivent pas être évacués sans cérémonie dans des fosses communes. Cette pratique n'est pas une mesure de santé publique mais elle viole des normes sociales importantes et peut représenter un gaspillage de ressources rares[9].

L'évolution des sensibilités au sujet de la mort et du cadavre n'est pas étrangère à ces nouvelles modalités de prise en charge des corps morts et à leur devenir après une catastrophe. Comme le dernier exemple le montre, si l'on se doit de se donner du temps et lutter contre des peurs ancestrales, c'est que les proches sont dans l'attente qu'un corps leur soit remis, ce afin d'entreprendre un travail de deuil. Cette attente ne devient légitime qu'à partir du moment où les autorités et les professionnels qui interviennent sur le terrain sont en mesure de pouvoir y répondre. Elle se justifie également dans un régime de valeur où le deuil ne peut s'entreprendre dans de bonnes conditions que si, au préalable, il a été possible de rendre les derniers hommages dus au corps. Dominique Memmi a largement contribué à étudier les transformations des sensibilités à l'égard du corps et tout particulièrement du corps mort (Memmi, 2014). La thèse qu'elle défend dans

8. Aussi bien au sujet de leur identité que de leur devenir.
9. *Relevé épidémiologique hebdomadaire*, d'après les recommandations de l'OMS, janvier 2005.

la *Revanche de la chair* est de montrer qu'après une période de mise à distance, voire de disparition du corps, celui-ci revient en force et de manière volontariste, en trouvant une part de légitimité dans la sensorialité, avec une valorisation des émotions. Cependant, ce retour s'effectue à la faveur de compromis, négociés notamment par les professionnels, car il ne s'agit pas pour cet auteur d'un retour en arrière, sous la forme d'un « "corps à corps" avec le mort » (Memmi, 2015, p. 142).

L'un des problèmes significatifs auquel se confrontent les professionnels qui interviennent sur le terrain, est que parfois, de corps (au sens plein du terme) il n'y a pas, alors qu'il y a un *continuum* de la personne. Expliquons-nous. À partir du moment où le Code civil (Art. 16-1-1)[10] reconnaît que « le respect dû au corps humain ne cesse pas avec la mort et que les restes des personnes décédées (…) doivent être traités avec respect, dignité et décence », il devient difficile de faire abstraction des restes, de tous les restes, quand bien même ceux-ci seraient fort dégradés. Étant le seul point d'appui pour conduire à la personne défunte, leur valeur est décuplée. Dès lors, des interrogations avant tout éthiques façonnent les modes d'intervention et de jugement des professionnels.

3. Vers le maintien de la personne par le fragment?

Le changement de vision du monde que nous venons de décrire n'est vraisemblablement pas l'aboutissement du processus, car se profile à l'horizon une mutation encore plus spectaculaire que la précédente. Poursuivant son cheminement, il semblerait que l'unité de mesure ne soit plus celle du corps, encore moins celle du corps comme métaphore d'un corps social, mais celle du fragment[11].

10. Créé par LOI n. 2008-1350 du 19 décembre 2008.

11. Jérôme Truc (2011) étudie les conséquences de la pulvérisation des corps sur le site du Ground Zero, suite aux attentats du 11 septembre 2001.

En effet, si le principe de *dignité, de respect et de décence* à l'égard du corps humain s'étend aux cadavres, il questionne à la fois les gestes que l'on se doit d'avoir vis-à-vis du corps, mais aussi de ce qu'il représente. Ainsi, le cadavre conserve, ce officiellement, des propriétés du corps de la personne lui octroyant des droits, donc une protection (Belhassen, 1997 ; Popu, 2009 ; Labbée, 2012). Or, jusqu'où se logent ces propriétés et cette protection ? En faisant des cendres l'égal du corps, nous avons déjà un indice de ce renversement de posture : « les restes des personnes décédées, y compris les cendres de celles dont le corps a donné lieu à crémation, doivent être traités avec respect, dignité et décence »[12]. Faut-il pour cela, que le corps soit reconnaissable[13], quand bien même il serait déformé ou amputé ? Une préconisation qui permet de distinguer les dépouilles mortelles, des pièces anatomiques d'origine humaine[14], puis celles-ci des déchets. Les premières font obligatoirement l'objet d'obsèques, les secondes sont incinérées dans un crématorium agréé en dehors des horaires d'ouverture et sans cérémonial, les troisièmes étant quant à eux éliminés au titre des déchets d'activités de soins à risques infectieux.

Quand il s'agit d'étudier des catastrophes, ces questions sont particulièrement sensibles, ce en raison de l'état des « corps ». On a coutume d'utiliser les termes de *corps*, de *cadavres*, parce qu'ils renvoient à la dépouille mortelle, en droit une et indivisible. En effet, qu'un seul acte de décès ne peut être produit, comme on ne peut en théorie délivrer qu'un seul permis d'inhumer ou autorisation de crémation. Or, dans le cas des disparitions et des catastrophes, il est possible de trouver des éléments de corps en différents lieux et temporalités. Dans ce cas, il s'agit littéralement

12. Art. 16-1-1 du Code civil.

13. Reconnaissable ne veut pas dire identifiable au sens d'attribuer une identité. Cela signifie qu'un non-spécialiste peut reconnaître qu'il s'agit bien là d'un reste humain.

14. Article R1335-9, modifié par Décret n. 2006-676 du 8 juin 2006 — art. 2 JORF 10 juin 2006. « Les pièces anatomiques sont des organes ou des membres, aisément identifiables par un non-spécialiste, recueillis à l'occasion des activités de soins ».

de « recoller les morceaux »[15]. En théorie, les principes consistant à recréer du corps semblent applicables et tendent à indiquer la démarche vers laquelle doivent tendre les professionnels mandatés par les pouvoirs publics. Néanmoins, sur les scènes de catastrophes, lesquelles ont la particularité de faire plusieurs dizaines ou centaines de victimes et d'être particulièrement violentes, rien ne vient indiquer à qui appartiennent les différents fragments prélevés.

Sur ce point, les catastrophes aériennes sont exemplaires. Les protocoles y sont les plus avancés et les interrogations éthiques discutées. L'enjeu prioritaire reste l'identification « du » corps, à laquelle il faut ajouter la détermination des causes du sinistre. À cette fin, sur les lieux de l'accident, des drapeaux de couleur sont placés sur les éléments de corps avant qu'ils ne soient relevés. Des drapeaux rouges désignent ceux qui ont une forte probabilité de permettre leur identification grâce aux prélèvements d'ADN, les autres fragments étant marqués par des drapeaux jaunes. Cette opération de relevage des corps anticipe qu'il faille procéder à l'identification d'une série de fragments secondaires pour parvenir à la liste complète des passagers de l'avion. Aujourd'hui, grâce à ces techniques de plus en plus perfectionnées, l'ensemble des personnes ayant péri dans un crash sont en principe identifiées. Cependant, ce progrès ne semble pas pour autant satisfaisant, alors même qu'il y a vingt ans de cela il aurait constitué une révolution et un objectif vers lequel tendre. Reste que, depuis les années 2010, certains professionnels s'interrogent sur le devenir de ces fragments non exploités (dans l'hypothèse où la totalité des personnes embarquées dans l'avion auraient été identifiées à partir de l'échantillon initial) ou non exploitables (à savoir ceux pour lesquels les procédures d'investigation n'ont pas abouti, les prélèvements étant altérés ou inexploitables). L'identité de la personne peut alors se loger et se concentrer dans de l'infiniment petit et du non discernable. Que faire de ces fragments, qui en tant qu'éléments d'enquête peuvent être placés sous scellés ?

15. Expression utilisée par Dominique Memmi dans *La seconde vie des bébés morts*, 2011.

Ces nouvelles modalités d'investigation ont ceci de particulier qu'elles mêlent des considérations éthiques à des pratiques professionnelles et des recommandations légales. Du point de vue du droit, dès lors que la personne a été identifiée, un acte de décès est dressé. L'élément de corps qui a permis l'identification, et éventuellement la réunion des autres fragments identifiés, forme/ent la dépouille mortelle. Cette dernière sera inhumée ou fera l'objet d'une crémation, comme pour tout corps humain mort. Dès lors, l'identité peut se loger, voire se concentrer dans des fragments non aisément identifiables et dont le poids et la taille ne dit rien de la personne qu'ils ont été. L'identification de la personne ne repose plus seulement sur des éléments distinguables d'un point de vue perceptif (comme la vue), mais potentiellement sur *de l'indiscernable*, voire *de l'infinitésimal*[16]. Pour dire les choses simplement, en certaines circonstances, un fragment n'ayant objectivement pas forme humaine peut suffire à identifier formellement une personne et engendrer tout un processus : certificat médical de décès, mise en bière, remise du corps à la famille, obsèques. Cet « élément de corps » pourrait être seulement symbolique, mais il ne l'est pas, loin s'en faut, puisqu'il a valeur juridique. La dépouille mortelle, quelle que soit sa forme et son poids, et elle seule, permet de dresser un acte de décès. Ici, ce qui ne serait pas même qualifié de pièce anatomique d'origine humaine en milieu hospitalier, peut *a priori* être le centre de toute une procédure. Une situation qui redéfinit totalement les contours de notre objet, puisque du corps social nous parvenons à un corps potentiellement « sans forme et de faible densité » qui, malgré tout, concentre tout le potentiel de la personne défunte demeurant de façon presque fictionnelle une dépouille mortelle.

Ce constat ne saurait préoccuper les différents intervenants qui œuvrent à identifier les victimes d'accidents aériens s'il ne concernait « que » la question de leur identification. Restituer un corps à la famille est bien sûr la priorité et ne se discute pas. Cependant, une fois l'identité établie que faire des autres frag-

16. Les fragments prélevés peuvent être de toute petite taille. De surcroît, à propos de certains d'entre eux, rien n'indique *a priori* qu'ils proviennent d'un corps humain.

ments, ceux qui n'auront pas (ou pas pu) être identifiés ? Cette interrogation nous a été soumise en tant qu'experts en 2014, alors qu'une réflexion était entreprise au sein des services compétents. Cette réflexion intervenait dans un contexte où les familles des victimes sont désormais informées de cette situation et éventuellement parties prenantes[17]. Se questionner sur le devenir de ces restes est somme toute légitime. Le simple fait de les faire advenir, d'en parler, a la particularité de les faire sortir d'un strict régime de chose, qui est pourtant leur statut[18]. Même si, pour l'heure, les dimensions symboliques et éthiques sont le cœur du problème, déjà se profile celle des usages, donc des ajustements pratiques. Les réponses données lors des dernières catastrophes en date (2014, 2015) sont d'inhumer ces fragments, soit dans un espace dédié tel un cimetière, soit dans un lieu de mémoire, qui de simple cénotaphe devient par extension « sépulture ».

Sorte de retournement de situation, le *corps collectif*, si l'on peut dire, ressurgit sous une forme inédite. Loin des charniers ou des sépultures de morts sans nom, puisque dans ce cas des personnes ont bien été inhumées ou fait l'objet d'une crémation, des éléments de corps non identifiés refont surface. Certes, le chemin parcouru est grand, des années 1980, où des corps abîmés mais ayant forme humaine n'étaient pas identifiés et faisaient corps collectivement comme entité sociale, à aujourd'hui où des éléments de corps, parfois des presque riens, deviennent des « choses sacrées » [19] symboliquement chargées de sens et d'af-

---

17. Dépêche AFP, 17 février 2016, à propos du devenir des restes non identifiés du crash d'Air Algérie. « Les familles des victimes du crash du vol AH5017 d'Air Algérie en 2014, ayant appris que les restes de leurs proches ont été "subitement inhumés au cimetière de Bamako", veulent savoir ce qui s'est passé, expliquant mercredi que les informations demeurent "contradictoires". Les familles avaient récupéré les restes identifiés de leurs proches, tués dans le crash de l'avion dans le nord du Mali le 24 juillet 2014. Mais elles souhaitaient que les restes non identifiés puissent être rapatriés et enterrés à Ouagadougou, où une stèle doit être érigée en hommage aux 116 victimes, dont 54 Français » (Dépêche AFP citée par *Le Point*).

18. Ce à double titre, en tant que cadavre, en tant qu'élément d'enquête placé sous scellés.

19. En référence à la notion de « chose sacrée » pour définir la dépouille mortelle (Popu, 2009) ou de « personne par destination » (Labbée, 2012).

fects. Ce parcours, du corps comme support de la ritualité, au fragment comme maintien de la personne, fait advenir de nouveaux restes qui étaient ignorés jusqu'à il y a peu et les inscrivent dans l'espace public (Clavandier, 2014).

Pour conclure provisoirement, les différentes réponses et visions du monde décrites pourraient n'être que le fruit d'évolutions successives des sensibilités, faisant que l'on passerait d'un modèle à un autre. Ce passage se ferait – soit en souplesse avec des ajustements réguliers, soit de façon plus abrupte et rapide avec des changements de paradigmes et/ou de techniques – avec un nécessaire tuilage sur quelques années, les pratiques et représentations se mettant en conformité dans un processus d'ajustements normatifs. Or, pour l'heure, nous assistons à une juxtaposition de pratiques sans que les unes n'effacent automatiquement les autres, avec tous les bricolages que cela suppose et les interrogations qui en découlent sur le bien-fondé de telle ou telle action.

Le lecteur l'aura compris, cette contribution propose avant tout des pistes de réflexion car les phénomènes étudiés sont en cours d'élaboration. Une investigation plus poussée serait nécessaire pour valider les pistes d'analyse proposées. À l'aune de ce que nous avons pu observer ces dernières années, il apparaît néanmoins que des constantes sont repérables et orientent les pratiques, notamment celles des professionnels. Mener l'enquête, réduire les zones d'incertitude, œuvrer en toute transparence, être attentif à la souffrance des proches, respecter ces « corps » meurtris, renvoyer à la spécificité de chacun, préserver l'intimité, conserver la permanence de la personne notamment au travers de sa trajectoire biographique, tels semblent être les motifs contemporains communs qui poussent à agir. En parallèle, nous observons un nouveau régime de sensibilité à l'égard du corps mort qui déborde très largement le terrain des catastrophes et questionne le statut de restes humains non matures (*fœtus*), anciens (collections archéologiques et anthropologiques) et intermédiaires (fragments). Jusqu'à il y a peu, ces derniers donnaient lieu à des usages ne les intégrant pas dans une logique funéraire, ce qui aujourd'hui ne fait plus consensus (Esquerre, 2011, Memmi, 2011 et 2014, Clavandier, 2014). Au contraire, il semblerait qu'un mouvement convergerait vers l'extension d'un « principe de sépulture »[20] à l'ensemble de ces restes autrefois à peine corps, qui aujourd'hui ont des trajectoires et un devenir proches de ceux des dépouilles mortelles.

BIBLIOGRAPHIE

Belhassen P., 1997, *La crémation, le cadavre et la loi*, Paris, LGDJ.

Bouteille-Brigant M. et Rouge-Maillart C., 2014, « Recherche(s) et cadavre(s) », *in* M. Touzeil-Divina, M. Bouteille-Brigant et J.-F. Boudet (dir.), *Traité des nouveaux droits de la mort*, Le Mans, Lextenso – L'Épitoge, Tome 2 – « La Mort, incarnation(s) cadavérique(s) », pp. 289-309.

Clavandier G., 2004, *La mort collective. Pour une sociologie des catastrophes*, Paris, CNRS.

Clavandier G., 2009, *Sociologie de la mort. Vivre et mourir dans la société contemporaine*, Paris, Armand Colin.

Clavandier G., 2014, « La mort aux confins des droits et de la vie en société. Faire place aux morts dans l'espace public », *in* M. Touzeil-Divina, M. Bouteille-Brigant et J.-F. Boudet (dir.), *Traité des nouveaux droits de la mort*, Le Mans, Lextenso – L'Épitoge, Tome 1 – « La mort, activité(s) juridique(s) », pp. 101-116.

Déchaux J.-H., 2000, « L'"intimisation" de la mort », Note critique, *Ethnologie Française*, vol.30, pp. 153-162.

Déchaux J.-H., 2001, « Un nouvel âge du mourir : "la mort en soi" », *Recherches Sociologiques*, n. 32, pp. 79-100.

Decrop G., 2003, *Victimes, associations de victimes et prévention des risques*, Programme EPR, ministère de l'Écologie et du Développement durable.

Esquerre A., 2011, *Les os, les cendres et l'État*, Paris, Fayard.

Labbée X., 2012 [1990], *Condition juridique du corps humain avant la naissance et après la mort*, Lille, Presses universitaires du Septentrion.

Frazer J., 1934 et 1935, *La crainte des morts*, Paris, E. Noury, 2 tomes.

Popu H., 2009, *La dépouille mortelle, chose sacrée*, Paris, L'Harmattan.

Memmi D., 2011, *La seconde vie des bébés morts*, Paris, EHESS.

Memmi D., 2014, *La revanche de la chair*, Paris, Seuil.

20. En référence aux écrits de juristes et médecin légiste (Rousset, 2014 ; Bouteille-Brigant, Rouge-Maillart, 2014).

Memmi D., 2015, « Le corps mort dans l'histoire des sensibilités », *Communications*, n. 97, pp. 131-146.

Rousset G., 2014, « Le regard du droit sur la mort périnatale : entre timidité et ignorance », *in* M. Touzeil-Divina, M. Bouteille-Brigant et J.-F. Boudet (dir.), *Traité des nouveaux droits de la mort*, Le Mans, Lextenso – L'Épitoge, Tome 2 – « La Mort, incarnation(s) cadavérique(s) », pp. 137-148.

Truc J., 2011, « Ground Zero entre chantier et charnier. Sur les rapports entre pulvérisation de corps humains, mémoire et lieux », *Raisons politiques*, n. 41, pp. 33-49.

Vies magmatiques autour du Vésuve : voir et ne pas voir comme stratégie collective

6

Giovanni **Gugg**

Introduction
Du sens de l'espace à l'élaboration du risque

La perspective socio-anthropologique vise à abandonner l'approche technocentrique des risques en faveur de l'idée que toutes les menaces – qu'elles soient dues à des causes naturelles ou bien anthropiques, qu'elles aient déjà eu lieu ou qu'elles soient seulement annoncées – sont des produits culturels. Elles représentent les préoccupations d'une société donnée à un instant et à un endroit donnés et leur ampleur est déterminée par ce que la communauté juge être la limite entre ce qui est possible d'imaginer et ce qui est inconcevable. Les connaissances qui viennent des sciences humaines et sociales ont contribué au fil des ans à redéfinir à la fois la notion de catastrophe et les instruments les plus appropriés pour la prévention des risques, en insistant – par exemple – sur les aspects politiques et culturels du risque et en la transposant dans une perspective procédurale et relationnelle, comme le font les anthropologues, les historiens et les psychologues. En particulier, dès le milieu des années 1990, non seulement la relation entre le pouvoir politique et les connaissances scientifiques relatives aux catastrophes a radicalement changé, mais aussi la relation que les citoyens et la société civile organisée ont avec ces pouvoirs et connaissances. Les informations concernant les risques associés aux catastrophes naturelles ont des effets sociaux indéniables et l'anthropologie contribue à combler le fossé qui sépare les connaissances scientifiques, la communication de masse et le besoin social de sécurité. En ce sens, l'anthropologie fournit un point de vue à la fois humain et social, qui est fondamental pour déconstruire tous les comptes rendus partiels et superficiels ainsi que pour aider les institutions à construire une *policy* et des outils qui rendent efficace la réduction des risques. L'anthropologie, en d'autres mots, fournit une analyse de l'évolution historique, des trajectoires de développement local et des besoins spécifiques des personnes et, par conséquent, permet la mise au point de stratégies de communication ainsi que de réseaux formels et informels promouvant le dialogue entre les citoyens et les institutions (Carnelli – Ventura, 2015)[1].

Bien que le mot « risque » remonte au Moyen Âge, sa formulation conceptuelle actuelle est une expression de la modernité. En particulier, selon Mary Douglas, « il s'agit d'une façon de penser et, notamment, d'un dispositif de pensée très artificiel » (Douglas, 1992, p. 51) ; il est le résultat de la dialectique entre représentations mentales et pratiques sociales, ou, comme l'a expliqué Åsa Boholm (2011), par le produit des relations entre les « objets dangereux » et les « objets à risque » et par l'interaction entre les institutions et les acteurs du risque (les médias, le droit, la science, la politique, le marché…).

Le risque se réfère à une catastrophe qui n'a pas encore eu lieu, mais qui est susceptible de se produire ; il représente, donc la possibilité (ou la probabilité) qu'un événement négatif se produise (la sémantique du mot « risque » lui-même est large et peut être interprétée comme danger, choix, défi et ainsi de suite). Cependant, comme le souligne Anthony Giddens (2006), le risque entendu comme « anticipation de l'avenir » devient partie de notre présent et détermine la façon dont l'avenir se développera effectivement. Le présent est le temps (et le lieu) où les évaluations des risques sont faites, mais en même temps, il est comme

1. D'un intérêt particulier pour leur approche historico-anthropologique et historico-géographique sont les œuvres de García-Acosta (2002) et Musset (2002). D'une méthodologie similaire sont les articles du livre collectif édité par Cecere, De Caprio, Gianfrancesco et Palmieri (2017).

le « jardin aux sentiers qui bifurquent » de Jorge Luis Borges, qui peut s'articuler dans de nombreux futurs possibles, tel un labyrinthe temporel comprenant tous les possibilités ou « un réseau croissant et vertigineux de temps divergents, convergents et parallèles [...] fourchues, rompus, ou qui s'ignorent les uns les autres pendant des siècles » (Borges, 2011, p. 90-91).

En ce sens, le temps de la catastrophe qui a déjà eu lieu appartient au passé (ou dans les cas où la catastrophe est toujours en cours, au présent), tandis que le temps d'une catastrophe annoncée est celui qui doit encore arriver, indéterminé et impossible à prédire exactement. Ses effets, pourtant, sont déjà perçus aujourd'hui avec une influence sur la vie quotidienne. Le risque représente alors une contrainte sur le temps et donne la possibilité de construire l'avenir seulement en tant que prolongement du temps présent.

L'étude anthropologique de ce concept et de cette façon de vivre dévoile des interconnexions et des relations de pouvoir qui sont extrêmement complexes. C'est pourquoi elle s'intéresse aux opinions populaires aussi bien qu'aux structures politiques et aux institutions sociales. Dans le cas d'un risque naturel comme celui représenté par un volcan, l'analyse anthropologique se développe, en particulier, à partir de l'observation des relations entre les habitants et leur espace, parce que, comme l'a observé Amalia Signorelli, « les sujets humains individuels ou collectifs sont toujours localisés et, à l'inverse, les lieux de la vie humaine sont toujours affectés par la présence de l'homme » (Signorelli, 2008, p. 43-44). Il existe une interconnexion inévitable entre les hommes et les lieux : les êtres humains, en plus de rester dans un lieu, produisent ce lieu et, vice-versa, sont eux-mêmes un produit du lieu qu'ils habitent, au point que, lorsqu'ils modifient leur environnement, ils se modifient également eux-mêmes (Harvey, 2010, p. 211).

L'état dans lequel le paysage nous apparaît, loin d'être une donnée « naturelle », est donc toujours le résultat d'une interaction entre l'environnement et la culture ou, en d'autres termes, entre l'écosystème et les êtres humains. L'anthropologie de l'espace et du paysage, en mettant l'accent sur le lien entre l'homme et les lieux, a montré que l'espace habité par une société n'est pas un endroit neutre, ni un récipient pur, mais un produit des hommes qui l'« humanisent » (Segaud, 2010, p. 18). En ce sens, comme l'explique Manuel Castells, « l'espace est un produit matériel qui rentre en relation avec des autres éléments et, en particulier, avec les hommes, qui sont eux-mêmes affectés par des relations sociales, qui donnent à l'espace une forme, une fonction, une signification sociale » (Castells, 2008, p. 472). L'espace devient, pour cela, le support pour les pratiques sociales liées au partage de temps, en d'autres termes, l'endroit – toujours aussi symbolique – où les pratiques sociales simultanées, y compris l'élaboration collective du risque, se rassemblent.

Anthony Oliver-Smith attribue à l'espace une importance fondamentale « dans la construction des identités individuelles et communautaires, dans le codage et la contextualisation du temps et de l'histoire et dans la politique de relations interpersonnelles, propres à la communauté ou interculturelles » (Oliver-Smith, 1996, p. 308). La relation que les habitants entretiennent avec leurs lieux correspond à l'effort perpétuel d'ordonner l'espace et de trouver une façon d'apprivoiser le paysage par le biais d'une action sociale et culturelle – outre l'ingénierie ou de l'urbanisation. Ceci est tout à fait évident dans le cas de la reconstruction après une catastrophe, mais aussi dans le cas du risque, où la prévention institutionnelle (au travers des lois et de l'intervention pratique sur le territoire) modifie l'espace et contribue ainsi à façonner une élaboration individuelle et collective de la menace.

Par conséquent, l'évaluation des risques n'est jamais indépendante du contexte social, mais elle est structurée à partir du débat public et de la relation avec l'espace qui en découle. Afin de comprendre « quels types de risques sont acceptables pour quel genre de personnes » (Douglas – Wildavsky, 1982, p. 4) – ou, en d'autres termes, afin de répondre à la question : « quel niveau de sécurité est suffisamment sûr pour cette culture particulière ? » Douglas, 1992, p. 45) – le sociologue doit donc prendre en compte les aspects politiques du risque ainsi que les comportements collectifs, la morale et sa relation avec la politique, le « savoir » (y compris les sciences) et son ambiguïté.

1. Du *Pays fantôme* à la *Petite Suisse* : Mutation spatiale et mutation du risque autour du Vésuve

Sur la base de cette prémisse théorique et méthodologique, j'ai étudié la relation entre les habitants de la région située autour du Vésuve (sud de l'Italie) et les espaces de leur vie quotidienne. L'objectif était d'identifier et de comprendre les formes d'élaborations culturelles différentes qu'ils produisent en relation avec le danger d'une nouvelle éruption.

Une anthropologie de ce type, en refusant la raison techno-centrique qui a tendance à observer un phénomène de manière abstraite, comme si l'on pouvait en effectuer une mesure objective et une évaluation neutre (Daston - Galison, 2007), poursuit au contraire une vision « plongée » dans un contexte socioculturel bien précis. Ce faisant, elle dépasse la conception purement statistique et probabiliste des risques et essaie plutôt de comprendre leur possible « acceptabilité » sur la base de la perception et de la compréhension des systèmes indigènes de signification, c'est-à-dire en s'efforçant d'identifier les formes de rationalités locales qui rendent supportable, au quotidien, une menace aussi forte.

Le principe suivant lequel le risque est toujours un produit hiérarchisé et local, une élaboration historique du pouvoir, de la justice, de la faute, de la responsabilité et de la légitimité décisionnelle permet au chercheur de formuler des interprétations à partir du rapport que les sujets ont entre eux dans les lieux ainsi que de la relation qu'ils ont avec les lieux eux-mêmes (Signorelli, 2008, pp. 43-58). L'étude du processus de construction physique et symbolique des lieux permet ensuite d'identifier la façon dont les habitants satisfont leurs besoins primaires, sociaux et culturels, c'est-à-dire de reconnaître la destination d'usage d'un espace donné ainsi que sa valeur pour ceux qui l'utilisent.

Comme on l'a déjà vu, la liaison étroite entre lieux et sujets a des implications importantes sur les idées de risque formulées localement. Cela est dû, d'un côté, à la capacité des êtres humains d'inscrire sur le territoire leur propre « vision ordonnée du monde », de l'autre au fait que, en cas de désastre, les points de repère spatiaux sont ceux qui se perdent en premier. En cas de calamité, en effet, la déformation éventuelle du territoire peut provoquer un instant de *désordre existentiel* qui menace la stabilité de la présence des êtres humains qui ont vécu ce moment tragique.

Le rapport que les habitants actuels du Vésuve ont avec le volcan trouve ses origines dans des événements qui se sont succédé sur plusieurs siècles. Au cours de ce temps, des groupes sociaux, culturels, politiques et scientifiques différents se sont rencontrés dans la région et chacun d'eux a contribué à faire du Vésuve un symbole à la fois local et global (Gugg, 2014). Le lieu spécifique où j'ai concentré mon étude – de 2010 à 2012 (Gugg, 2013) – est le village de San Sebastiano al Vesuvio, l'une des plus petites des vingt-quatre communes appartenant à la « zone rouge » du volcan, c'est-à-dire à la région exposée au risque le plus élevé selon le Plan national d'urgence rédigé par la Protection civile italienne en 1995 et récemment mise à jour entre 2013 et 2015. Le cas de ce village est particulièrement intéressant car il illustre très bien comment la mutation physique d'un territoire (sinistré, mais ensuite reconstruit) peut mener d'un imaginaire collectif à l'autre – dans ce cas de *Pays fantôme* à *Petite Suisse*.

La dernière éruption du Vésuve en mars 1944 a fait vingt-six morts dans la zone concernée par la retombée des cendres à cause de l'effondrement des toits des habitations (à Terzigno, Nocera Inferiore et Sarno, actuellement en « zone jaune »). En outre, les poussières volcaniques ont entraîné la perte des récoltes durant trois ans dans une vaste zone[2], et la lave a ravagé deux agglomérations (San Sebastiano al Vesuvio et Massa di Somma). Dans la seule commune de San Sebastiano al Vesuvio, la route s'est élevée de quelques mètres, environ 600 familles se sont retrouvées sans toit, une grande partie du réseau routier est restée impraticable et le réseau d'adduction d'eau a été détruit (Cozzolino, 2006, p. 37).

Cependant, après une « période d'inertie » (George, 1960), voire d'hésitation, d'attente et de doutes sur l'avenir de la petite

2. Website de l'Observatoire vésuvien : http://www.ov.ingv.it/italiano/vesuvio/storia/1944/ 1944_frm.htm, vu le 13 mars 2011 et Ricciardi, 2009, p. 835-857.

commune, les habitants ont reconstruit leurs habitations au même endroit où elles étaient avant la catastrophe. Cela a servi d'« accélérateur de changement » (Oliver-Smith, 1996, p. 313), pas uniquement spatial, mais aussi politique. En 1955, Raffaele Capasso, le jeune leader d'un mouvement socialiste et indépendantiste local, devient maire pour rester trente-cinq ans à la tête de l'administration. Au cours de son long mandat, Capasso a pu promouvoir son propre projet d'urbanisme, caractérisé par des maisons individuelles sur deux étages avec un jardin, qui ont fait de cette zone un quartier résidentiel pour les familles de classe moyenne supérieure, très apprécié par la périphérie orientale de Naples.

D'une manière générale, la transformation de l'espace tangible implique un changement de l'expérience, voire une adaptation de ce processus qui relie ce que nous avons vécu à quelque chose qui ressemble à une appropriation et qui, selon Jedlowski (1994), se déroule en nous à travers une incessante intégration de capacités, compétences ou sensibilités qui demeurent disponibles et qui nous orientent sans que la réflexivité ou la reconnaissance consciente jouent un rôle. Il y a 70 ans, vraiment persuadés que le volcan était entré dans une période d'inactivité[3], pour les survivants de la dernière éruption, il s'agissait d'imaginer la renaissance de leur vieil espace de vie sur l'uniformité noire qui l'avait enterré : au lendemain de la dévastation, les habitants ne se sont pas retrouvés seulement devant une nature indésirable, mais aussi devant le risque concret de perdre leurs propres institutions collectives puisque la commune devait être démembrée et incorporée à d'autres communes voisines.

La figure de Capasso a permis de garder ensemble des lieux et des communautés car, à travers lui, on a réussi à rétablir un lien entre le passé, le présent et l'avenir, dans une dialectique qui a valorisé la continuité plutôt que la rupture. Promu par des dispositifs culturels spécifiques rétablissant l'ordre menacé, ce mécanisme donne un sens à toute une série de comportements apparemment irrationnels, comme l'obstination de vouloir habi-

3. Le directeur de l'Observatoire du Vésuve, Giuseppe Imbò, l'a affirmé cinq ans après, en 1949.

ter un territoire à risque et de reconstruire dans un lieu délabré. Autrement dit, ce qui pousse les habitants, durement éprouvés et traumatisés, à rester dans le lieu où ils ont risqué de mourir est l'exigence qu'à la catastrophe naturelle ne succède pas une catastrophe culturelle : quand on perd les références spatiales, aussi bien à cause d'un désastre environnemental qu'à cause de l'action ravageuse des bulldozers, les orientations et les liens des identités personnelle et collective s'effacent aussi (Signorelli, 1992; Augé, 2001).

Entre les besoins d'habitat neuf et les nécessités de la réappropriation du territoire, l'administration de Raffaele Capasso s'est mise à délivrer de plus en plus les permis de construire sur une surface toujours plus vaste, sur la base d'un « plan d'urbanisme » qui, aujourd'hui, selon les personnes interviewées pendant mon enquête ethnographique, est souvent évoqué pour souligner les qualités de projection (et, il va sans dire, morales) du « maire de la reconstruction », surtout quand elles renvoient à son propre pays défini comme un pays « rangé », « vert », « à taille humaine ». Ainsi, au fil des décennies, à la *reconstruction,* qui intéresse approximativement le seul espace relatif à l'ancien centre urbain, suit un processus d'*urbanisation* d'un territoire beaucoup plus vaste – processus qui a eu lieu en plein boom de l'immobilier de la seconde moitié du XXe siècle. Aujourd'hui, San Sebastiano al Vesuvio n'est plus la communauté rurale de 1944 car il s'est transformé en village de maisons individuelles qui – comme l'affirme le maire en 2011, le propre fils de Raffaele Capasso – « ont contribué à créer le *label* de San Sebastiano al Vesuvio », voire celui de la *Petite Suisse*.

Cette appellation vient d'un article de la presse nationale du début des années 1980 qui décrivait le « petit miracle d'un maire » (Capasso, 1994, p. 73). Il s'agit d'une expression empruntée au védutisme romantique du XIXe siècle, basé sur la représentation de paysages répondant à certains critères esthétiques et qui étaient particulièrement intéressants pour les touristes (Figure 1). Cependant, dans le cas de San Sebastiano al Vesuvio elle transcende les caractéristiques physiques originelles du paysage helvétique (la beauté des montagnes, des lacs, des prairies, des vallées, des bois, les amples vues panoramiques…) et se concentre sur des qualités de type moral ou économique, comme l'ordre, la propreté, la prospérité ou la discipline – qualités qui, par analogie, seraient communes à la population suisse et à la commune vésuvienne.

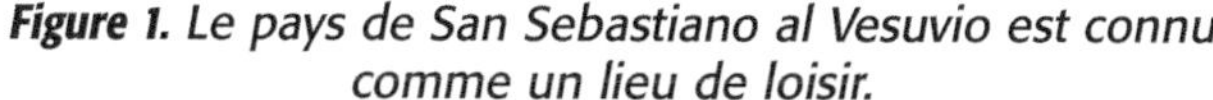

Figure 1. *Le pays de San Sebastiano al Vesuvio est connu comme un lieu de loisir.*

Photo de Flaviana Frascogna, 2015

En tant que stéréotype, ce « cliché paysager » sélectionne aussi et établit *a priori* certaines caractéristiques – vraies ou présumées – d'un territoire spécifique et d'un certain groupe humain qui l'habite. En effet, dans les histoires des personnes interviewées, cette dénomination positive est applicable au lieu spécifique (« l'un des plus beaux endroits de la planète », « ici le temps est génial », « la fertilité du sol est extraordinaire ») et à ses gens (considérés comme tranquilles et calmes, à certains égards discrets, polis et pacifiques, mais aussi diligents, cultivés et aisés). Donc, le « miracle » de San Sebastiano al Vesuvio devient une réalité grâce à l'efficacité symbolique d'un discours performatif : la *Petite Suisse* existe parce que tout arrive comme si elle existait, à savoir que le seul énoncé de la formule oriente les actions et la conception de la réalité et intervient directement et concrètement sur le monde. C'est ainsi que la petite ville vésuvienne, pour les personnes rencontrées lors du travail sur le terrain, est définie comme « une oasis différente, une beauté, un bijou ».

L'ordre spatial reflète et conditionne l'ordre moral et, pour cela, l'*appeal/charme* que la petite ville a construit progressivement produit des avantages auxquels il semble absurde de renoncer : y résider veut dire accéder à un certain nombre de services jugés supérieurs à la moyenne, mais aussi se considérer comme faisant partie d'une expérience exclusive qui est « confirmée » par la fréquente comparaison avec les communes voisines. Toutefois, cet exemple ne représente pas une expression banale de « campanilisme », mais une véritable modalité de *scotomisation* du risque, c'est-à-dire un dispositif psychologique et culturel de défense qui, à travers une occultation, automatique ou involontaire, vise à « ne pas voir » un possible élément d'anxiété.

2. La scotomisation : une réponse culturelle à la crise

Le terrain effectué a permis de vérifier qu'aucune des personnes interrogées n'ignore la présence des restes de la lave encore bien visible dans le centre-ville de San Sebastiano al Vesuvio ou ne nie leur origine volcanique (et donc virtuellement cyclique). De la même manière, les habitants n'hésitent pas à se déclarer conscients du « paradoxe » d'avoir reconstruit leur village sur le volcan et de vivre à proximité d'une source de danger naturel. En même temps, ils précisent qu'il leur serait impossible de vivre avec une pensée constante du danger et que, pour supporter l'angoisse, ils limitent leurs discours au sujet du volcan à quelques moments spécifiques (de Martino, 2008 ; de Martino, 2011).

En se basant sur les trois principales attitudes face à l'éventualité d'un désastre telles que les a identifiées Mary Douglas, à savoir l'optimisme, le pessimisme et le fatalisme, le cas ici examiné semblerait se situer dans la troisième catégorie, c'est-à-dire dans celle de ceux qui croient « à la gravité des problèmes [...], mais qui estiment que nous sommes totalement impuissants ; [que] nous pourrions tout aussi bien ignorer les avertissements, car il n'y a rien que nous pouvons faire ou qui aurait pu être fait » (Douglas, 1992, p. 260, 259). Comme l'avoue Mary Douglas elle-même, l'attitude des fatalistes est très difficile à comprendre : « Je me suis toujours demandée comment ils parviennent à rester aussi détachés » ; ou alors : « pour moi, [...] leur incrédulité est incroyable » (Douglas, 1992, p. 265, 267).

Le paradoxe d'être conscient d'un risque et pourtant de « ne pas le percevoir » – en même temps voir et ne pas voir le danger (Cohen 2008) – a ses origines dans une sélection mnémonique de la catastrophe passée qui, dans le cas de San Sebastiano al Vesuvio, est combinée avec une relation rénovée avec l'espace créé par la communauté grâce à l'urbanisation de la *Petite Suisse*. Cette attitude, si proche de la définition de Mary Douglas du fatalisme, est en fait un processus particulièrement complexe et, sur une base locale, une forme réelle de la rationalité sociale qui, bien qu'ouvertement contraire à toutes les évaluations techniques, a sa propre logique acceptable dans la routine quotidienne. Il ne s'agit pas d'un exemple isolé, au contraire : Enrico Quarantelli, par exemple, explique que la plupart des résidents montrent peu d'intérêt pour les catastrophes avant qu'elles ne surviennent, même dans les zones à risques dont les dangers sont bien connus (Quarantelli, 2000, p. 683). Les personnes interrogées à San Sebastiano al Vesuvio semblent elles-mêmes être assez conscientes de cette forme particulière de détachement : « nous *devons* être un peu fatalistes » (femme, 50 ans). La caractéristique qui ressort de mon travail ethnographique est qu'une telle attitude ne dérive pas du fait d'ignorer le risque ou de l'avoir oublié, mais elle est le résultat historique du mécanisme de perception et transformation du territoire qui a eu lieu après la dernière éruption. Ce processus, dit *scotomisation*, indique un mécanisme plutôt articulé qui ne conduit pas à nier activement la possibilité que l'événement désastreux puisse se produire, mais plutôt à éviter de le « ruminer », à mettre de côté cette sensation afin d'apprendre à vivre avec elle (Cohen, 2008, p. 59). La *scotomisation* peut prendre des nuances diverses en fonction d'éléments différents : certains aspects découlent de la tranquillité actuelle du volcan, des autres d'une négociation sociale et d'une sorte de courage mélangé à l'orgueil de vivre dans une zone aussi célèbre, d'autres encore sont liés à l'importance et à l'influence que certaines disciplines telles que la science et le journalisme (Bourdieu, 2010) ont dans la société contemporaine. Néanmoins, quelle que soit son origine spécifique, chaque forme de *scotomisation* entre en relation avec les autres et, à un niveau communautaire, joue un rôle de soutien social face à l'éventualité d'un trauma collectif, ce qui, à son tour, contribue à l'incessante construction du sens commun et de l'identité locale (Loriol, 2014, p. 160-161).

Tant le désaveu que le déni, comme l'a expliqué Stanley Cohen, « tous proviennent d'un "entraînement de base" visant à conjurer le danger inconscient » (Cohen, 2008, p. 57) et, psychologiquement, peuvent être imputables à des « stratégies de *coping* », d'adaptation (Figure 2). Le mot *coping* a été introduit en psychologie en 1966 par Richard Lazarus et se réfère à l'ensemble des modalités qui définissent le processus d'adéquation qui suit des situations de stress dans lesquelles une divergence apparaît entre les besoins et les ressources disponibles (Billings – Moos, 1981, p. 142). Freud lui-même avait identifié divers mécanismes de défense qu'il avait génériquement identifiés comme « répression », à savoir « le mécanisme de défense par excellence : la capacité de tenir à l'écart de la conscience toute information qui évoque les douleurs psychiques du traumatisme, de la culpabilité et de la honte » (Cohen, 2008, p. 169).

Figure 2. Une maison traditionnelle modernisée et agrandie face au Vésuve.

Photo de Flaviana Frascogna, 2015

Des études avancées sur le *coping* ont montré l'existence de nombreux mécanismes de défense qui sont inconsciemment adoptés en cas de frustration ou de danger. Pour en fournir quelques exemples, nous pouvons rappeler le déplacement de l'émotion, la rationalisation ou la sublimation de comportements néfastes en comportements socialement acceptables[4]. Dans le domaine des risques et des catastrophes, l'anthropologie – en traitant des processus hétérogènes (physiques, biologiques, socioculturel et politico-économiques) qui définissent les perceptions et les représentations multiples, individuelles et collectives, du phénomène – ne peut pas négliger également certains aspects psychologiques, comme la personnalité, la cognition et les émotions.

4. Pour un résumé des mécanismes de défense et des stratégies de *coping*, voir tableau 1 : *Defense and coping processes measured by the California Psychological Inventory (CPI)*, publié dans Diehl – Coyle – Labouvie-Vief, 1996, p. 130.

Historiquement, les relations disciplinaires entre l'anthropologie et la psychologie sont intenses et fructueuses ; à titre d'exemple, l'on peut penser aux célèbres études sur le tempérament de l'adolescence que Margaret Mead a menées dans des régions du monde différentes (Mead, 1928 ; Mead, 1950). Cependant, comme l'a montré le débat (Ferraro, 2008, pp. 75-76) déclenché par les critiques de Derek Freeman (1984) au travail de Mead, la contribution la plus efficace qui peut fournir l'« anthropologie psychologique » est de mettre en évidence l'influence que le changement dans le temps et l'espace a sur les individus et les groupes. Il n'y a pas, en effet, des tempéraments universels et constants, il est donc crucial que le regard du chercheur soit précisément défini dans le contexte spatial et temporel dans lequel il insère son travail ethnographique. En d'autres termes, dans le contexte de la société et de la culture, les stratégies d'adaptation sont des constructions multidimensionnelles et dynamiques qui ont une forme non définitive et qui sont déclenchées à la fois par les besoins de chacun et par l'histoire. En psychologie sociale, Cohen utilise le terme *déni* pour indiquer la capacité avec laquelle : « la psyché bloque une information qui est littéralement impensable ou insupportable », à savoir le mécanisme à travers lequel « l'inconscient forme une barrière qui empêche la pensée d'atteindre la connaissance consciente » (Cohen, 2008, p. 27). Dans la science anthropologique, la notion de *scotomisation* est préférable à celle de *négation*, car elle se réfère à des visions du monde qui, plus ou moins ouvertement, décident de considérer certains éléments, mais pas tous.

Le mot « scotome » – de l'ancienne *σκότωμα* grec, « obscuration » – est techniquement lié à la vision ou au contexte psychologique, dans la mesure où il indique « une sensibilité réduite à la lumière dans le champ visuel » ou à la capacité d'« éliminer inconsciemment de la perception et, à son tour, de la mémoire, tous les événements désagréables et douloureux ». Ce terme a été introduit par les psychanalystes français Édouard Pichon et René Laforgue en 1926 pour indiquer « un processus de dépréciation psychique, au moyen duquel l'individu cherche à nier tout ce qui est en conflit avec son ego » (Pichon – Laforgue, 1926, p. 473). Selon Bass, dans une perspective plus récente, cela signifie « la création d'une tache aveugle » (Bass, 2000, p. 179), dont la fonction est – en utilisant une expression par Gunther Anders – « d'éviter à soi-même [l'idée de] sa propre la mort » (Anders, 2010, p. 263).

3. Des déclinaisons différentes de la scotomisation

Comme on l'a vu précédemment, la réédification de San Sebastiano al Vesuvio n'a pas consisté à effectuer une copie exacte du village tel qu'il était avant l'éruption, mais c'est devenu également une occasion de transformation sociale et économique. L'opération de *refaire le monde* introduit des interventions et des agents qui ont une influence sur l'ensemble des variables socioculturelles locales, avec comme conséquence l'accroissement ou la baisse de la dangerosité physique d'une éventuelle nouvelle catastrophe ainsi que l'intensité et la gravité des dommages qui pourraient en découler.

Les agents du changement influent non seulement sur l'espace physique et symbolique mais aussi sur le sens du temps et sur la qualité des relations entre les personnes : c'est-à-dire qu'au changement objectif correspond toujours un changement des formes d'expériences. En liaison avec la transformation graduelle de San Sebastiano al Vesuvio, une nouvelle perception de la menace volcanique est apparue : au défi de faire face à la *catastrophe annoncée* correspond une nouvelle *réponse culturelle* qui est représentée par la *scotomisation*. Ce mécanisme n'est pas monolithique, bien au contraire. Il prend des déclinaisons différentes en fonction de multiples facteurs : entre autres, la relation avec son propre espace de vie (la *Petite Suisse*) et avec l'invisibilité cognitive d'un possible agent d'impact; l'idée que les risques de toute façon sont présents partout; mais il faut aussi prendre en compte les différentes conceptions du temps, l'influence exercée par les médias dans la communication du savoir scientifique et, pour conclure, l'importance qui est attribuée aux autres types de risques présents sur le territoire. Il s'agit de formes particulières de *scotomisation* qui, bien que présentées ici à partir d'un *case study*, ont en réalité un caractère plus général. En tenant compte des différences qui peuvent survenir entre des divers cas, elles sont également reconnaissables dans d'autres situations de catastrophe annoncée.

D'une manière générale, le mécanisme de *scotomisation* n'est pas une question de dire la vérité ou de mentir intentionnellement. On ne peut pas non plus l'attribuer à l'effacement d'un bruit de fond. Anthropologiquement, la *scotomisation* est un processus culturel socialement déterminé. En constante évolution, il est relié à la construction de l'espace et à une pluralité de temps quotidiens, ainsi qu'à l'interprétation de la science effectuée par la population et par les médias ou, de manière plus générale, au sens contemporain du risque, perçu comme une condition permanente de la société.

Le risque est une élaboration sociale revêtue d'indétermination. Cette dernière, notamment, est particulièrement élevée lorsqu'une « invisibilité perceptive » intervient et active une « invisibilité cognitive » (Ligi, 2009, pp. 61-64). Ce genre d'interprétation peut facilement être appliquée au cas du Vésuve. Le volcan est dans une phase de repos et l'absence de signes visibles de son activité (comme le panache de fumée typique vu dans des nombreuses représentations picturales) conduit à l'invisibilité cognitive : « Le Vésuve est mort. Nous aurions dû être inquiets s'il continuait à fumer, mais il ne le fait plus » (homme, 84 ans). Plus que d'une ignorance réelle des phénomènes physiques ou du manque d'une éducation adéquate, cela peut être interprété comme un « bloc de sens », qui déconnecte les mécanismes culturels permettant à chaque communauté d'identifier et d'« ordonner » son propre espace (Ligi, 2009, p. 62). C'est une caractéristique identifiée aussi par Oliver-Smith, selon qui « de nombreux risques naturels ne sont pas suffisamment fréquents ou ne produisent pas de catastrophes assez fréquentes, de sorte qu'ils peuvent souvent ne pas être perçus comme des menaces » (Oliver-Smith, 2002, p. 42).

Un deuxième type de *scotomisation* mis en évidence par l'ethnographie effectuée à San Sebastiano al Vesuvio concerne l'idée qu'une source de danger peut se cacher n'importe où. C'est un élément bien connu et récurrent, mais, en relation avec le Vésuve, il acquiert une nuance qui n'a pas été soulignée auparavant. Les personnes interrogées lors de mon travail de terrain connaissent la nature intrinsèquement dangereuse du territoire où ils vivent. Cependant, aussi bien leur expérience personnelle que les médias les conduisent à penser que des dangers, encore plus insidieux ou inattendus que le volcan, peuvent toujours se produire même dans des lieux apparemment moins exposés à des risques. En d'autres termes, ils semblent suggérer que, peu importe à quelle distance on se trouve du Vésuve, la réalité est une calamité qui peut partout nous atteindre.

Une autre modalité de *scotomisation* peut s'activer sur la base de l'existence de nuances différentes de la perception du temps. Tout d'abord, il y a ce que Marc Augé définit : l'*oubli de suspens* (littéralement « l'oubli de quelque chose qui est en suspens »), une conception du temps destinée à « retrouver le présent en le coupant provisoirement du passé et du futur » (Augé, 2010, p. 77).

Pour que l'oubli de suspens soit possible et se perpétue, il est nécessaire de considérer ce que Joël Candau définit comme le « présent réel », c'est-à-dire l'ensemble de toutes les différentes temporalités constituant le temps de tous les jours de chaque société (Candau, 2002). Nous parlons ici du temps composé de la routine quotidienne faite d'instants qui sont tous identiques entre eux et qui, par rapport au risque, active une sorte de « fuite de la réalité » consistant à fermer les yeux en gardant commodément les faits hors de la vue. De cette façon, « nous avons accès à un nombre suffisant d'informations (à propos, par exemple, des dangers auxquels nous sommes exposés ou de la souffrance humaine), mais nous évitons de les utiliser pour en tirer des conclusions inquiétantes auxquelles nous ne pouvons pas continuellement faire face » (Cohen, 2008, p. 61). Cela signifie qu'il ne suffit pas que le risque soit connu, parce que, en réalité, il doit aussi être « cru », comme il ressort des déclarations de deux témoins :

> Pour être honnête, je comprends que cela est rationnellement inconcevable. Pourtant, demain matin je me réveille, je vais à ma serre et je me concentre sur mes plantes. Et je ne pense pas vraiment au Vésuve (homme, 30 ans, propriétaire d'une société de production de fleurs).

> Le risque Vésuve ne m'inquiète pas, il ne me touche pas. Je vis à présent un moment difficile à vivre, donc je ne vais pas avoir le temps de réfléchir sur le Vésuve (femme, 28 ans, sans-emploi, bénévole dans une association humanitaire locale).

Deux autres temporalités, une scientifique et une symbolique, ont un rôle important : ce sont celles qui sont respectivement liées au « temps profond » et au « temps éternel ». Dans le premier cas, on se réfère au temps géologique qui détermine le laps de temps entre deux événements destructifs et qui, en fait, peut affecter (ou même justifier) les décisions politiques concernant le choix de faire ou de ne pas faire quelque chose afin d'éviter la catastrophe. Dans le deuxième cas, on se réfère à une perception qui est strictement liée à la valeur qu'on donne à sa propre maison, à savoir au lieu qui, comme l'a observé Amalia Signorelli, « n'est jamais un simple nid, ni un simple abri », mais plutôt une représentation de soi-même et une « coquille originelle » qui, bien qu'il puisse être transformé en un piège mortel lors d'une catastrophe, peut, dans notre propre perception, avoir une temporalité « éternelle » (Signorelli, 1996, p. 89). Le chevauchement du temps géologique profond (essentiellement ultragénérationnelle) avec le temps symbolique de la maison (potentiellement éternel) rassure les gens qui vivent actuellement au pied du volcan d'une manière particulière : il favorise une forme spécifique de *scotomisation* temporelle qui unit l'*expérience vécue* (celle de la vie de tous les jours qui se déroule sans signes avant-coureurs de l'activité volcanique) et l'*expérience connue* (c'est-à-dire celle de la science, souvent véhiculée par les médias et relative à l'histoire éruptive du Vésuve).

Une quatrième forme de *scotomisation* dérive du rapport entre science et médias, c'est-à-dire de la relation entre alarmisme et assurance (Gugg, 2015a). Les médias ont décrit le Vésuve comme « un monstre endormi », « une poudrière », « notre plus gros problème », « le volcan le plus dangereux du monde ». Dans de nombreux titres d'articles de journaux, les résultats scientifiques sont présentés d'une manière toujours très impressionnante, pour ensuite, dans certains cas, être décrits suivant une perspective plus modérée dans le texte ou dans le sous-titre. En même temps, les mêmes sources qui ont recours à des savoirs scientifiques pour fournir des descriptions détaillées des scénarios possibles de la future explosion du volcan, se concentrent étonnamment sur les progrès scientifiques concernant la possibilité de prévoir les éruptions de plus en plus à l'avance. De cette façon, le Vésuve, bien que représenté comme dangereux et presque dévastateur, est également décrit comme le volcan « le plus étudié au monde »[5] et, par conséquent, comme le volcan « le plus contrôlé »[6]. Dans la situation actuelle, les habitants de San Sebastiano al Vesuvio ou d'autres villes de la région ont à faire avec des messages contrastés qui créent confusion et ambiguïtés sur l'exposition au risque et qui peuvent conduire à un « faux sentiment de sécurité » (Dobran, 2006, p. 59).

Pour conclure, une dernière modalité de *scotomisation* est produite par ce que Douglas et Wildavsky (1982, pp. 29-48) appellent « sélection des risques », c'est à dire un « débat culturel » (pour ne pas dire une « lutte ») entre groupes sociaux différents qui, ainsi, choisissent de quels dangers ils doivent avoir peur et à quels dangers ils peuvent s'opposer. Reconnaître la présence d'un risque ne signifie pas seulement avoir l'expérience de celui-ci, mais, dans l'ensemble, c'est faire partie d'une communauté qui le connaît, qui croit en son existence et qui essaie de faire la lumière sur ses conséquences et sur ses causes (Beck, 2008, p. 101). De cette façon, le risque devient réel, visible, tangible, urgent. En un mot, il apparaît tout d'un coup *possible*. Dans le cas que j'ai étudié en particulier, les habitants de San Sebastiano al Vesuvio font une distinction entre les risques sociaux (maladies urbaines et sociales) et les risques environnementaux (contamination écologique à partir d'une ancienne décharge que l'on appelle « la colline de la honte », une « montagne de poubelles » accumulée pendant plus de quarante ans).

Dans un premier sens, la *Petite Suisse* est entourée et « assiégée » par la turbulente banlieue de Naples qui est souvent

---

5. Chianese V., 2010 : *Ma gli esperti rassicurano : "L'allerta è al livello più basso. Registrato solo un leggero sciame sismico ai Campi Flegrei"*, dans « Avvenire », 16 avril.

6. Entretien avec Franco Barberi, volcanologue, dans « Il Giornale del Sud », 29 avril 1998.

violente, dégradée et affectée par des nombreux épisodes de criminalité (Figure 3). Dans un second sens, la priorité va à la préoccupation concernant le risque de pollution, représenté par les décharges illégales qui peuvent avoir des conséquences dramatiques sur l'environnement et les gens. En d'autres termes, ce qui est en dehors de la limite de la ville est « chaotique », représente une promiscuité dangereuse et repose sur l'idée effrayante que juste au coin de la rue il pourrait y avoir confusion et risque de se perdre. C'est un risque proche dans l'espace et dans le temps et donc prioritaire par rapport au volcan, dont le danger plus lointain implique une préoccupation qui peut être reportée dans le temps.

Figure 3. *La grande urbanisation du Vésuve est liée à celle de la ville de Naples dans le cadre d'une seule aire métropolitaine.*

Photo de Flaviana Frascogna, 2015

Conclusions

Contrairement à tout préjugé qui dépeint les « Vésuviens » comme des personnes insensibles au risque et peu concernés par leur destin, le concept de *scotomisation* aide à comprendre plus clairement une multiplicité d'attitudes et de sensibilités, trop souvent définies de manière simpliste comme du fatalisme, ou même être considérées comme des formes d'irrationalité. À mi-chemin entre une défense psychologique inconsciente (contre un possible élément d'angoisse), une construction historique (comme dans le cas, physique et symbolique, de la *Petite Suisse*) et un discours politique (inconstant et fragmentaire, souvent inadapté, mais quand même toujours présent, même quand il est délibérément évité par la classe politique elle-même), l'élaboration du risque du Vésuve est un phénomène échappant aux slogans et aux stéréotypes.

Les raisons de ce mécanisme peuvent être résumées par les paroles de Jean-Pierre Dupuy, selon lequel « nous ne croyons pas à ce que nous savons, parce que nous ne pouvons pas imaginer les conséquences de ce que nous savons » (Dupuy 2006, p. 22). En d'autres termes, en présence d'une catastrophe annoncée, nous sommes dans la situation de « ne pas croire à nos propres yeux », celle des victimes (potentielles) qui se disent « ceci n'est pas en train d'arriver à moi ». On est, donc, en présence du processus de *scotomisation*, qui est un mécanisme de défense qui, au moyen d'une dissimulation automatique et involontaire, tend à « ne pas voir » un élément d'anxiété possible.

Le tableau détaillé présenté dans les pages précédentes démontre la diversité et la complexité des réponses sociales actuelles face au risque du Vésuve. Ainsi faisant, il montre la nécessité de développer des modèles analytiques pour la réduction des risques qui ne soient pas uniques et inflexibles, mais au contraire élastiques et capables de prendre en compte la notion de « rationalité multiple ». En ce sens, si l'on cherche à obtenir une participation populaire plus ample lors de la planification institutionnelle de l'émergence ou, dans un objectif encore plus ambitieux, lors de la réorganisation générale d'un territoire à risque, la compréhension de cette multiplicité d'approches ne peut pas être négligée sous prétexte d'une irrationalité présumée de ceux qui sont directement impliqués. Elle doit au contraire devenir centrale dans le discours politique, local et national.

En particulier, l'ethnographie a été l'occasion d'entrer en contact avec divers groupes qui n'ignorent pas qu'il y a un risque, mais plutôt, semblent vouloir s'exprimer, participer, contribuer à la planification, non seulement de l'urgence, mais aussi du territoire entier (Gugg 2015b).

Remerciements : Les trois images qui accompagnent ce chapitre, ont été gracieusement fournies par la photographe napolitaine Flaviana Frascogna et elles font partie d'un plus large reportage autour du Vésuve.

BIBLIOGRAPHIE

Anders G., 2010, *L'uomo è antiquato*, vol. 1, *Considerazioni sull'anima nell'epoca della seconda rivoluzione industriale* [1956], Turin, Bollati Boringhieri.

Augé M., 2001, *Nonluoghi. Introduzione a una antropologia della surmodernità* [1992], Milan, Elèuthera.

Augé M., 2010, *Les formes de l'oubli* [1998], Paris, Payot et Rivages.

Bass A., 2000, *Difference and Disavowal : the Trauma of Eros*, Stanford, Stanford University Press.

Beck U., 2008, *La società del rischio. Verso una seconda modernità* [1986], Rome, Carocci.

Billings A. G. et Moos R. H., 1981, « The Role of Coping Responses and Social Resources in Attenuating the Stress of Life Events », *Journal of Behavioral Medicine*, vol. 4, n. 2.

Boholm Å., 2011, « A Relational Theory of Risk », *Journal of Risk Research*, vol. 14.

Borges J. L., 2011, « Il giardino dei sentieri che si biforcano » (1941), *in* Borges J. L., *Finzioni* (1955), Turin, Einaudi.

Bourdieu P., 2010, *Sul concetto di campo in sociologia* [1996], Rome, Armando.

Candau J., 2002, *La memoria e l'identità* [1998], Naples, Ipermedium libri.

Capasso M., 1994, *Il viaggio del Signor Niente*, Naples, Magma.

Carnelli F. et Ventura S. (Éd.), 2015, *Oltre il rischio sismico. Valutare, comunicare, decidere oggi*, Rome, Carocci.

Castells M., 2008, *La nascita della società in rete* [1996], Egea, Milan, Università Bocconi Editore.

Cecere D.; De Caprio C.; Gianfrancesco L.; Palmieri P. (Éd.), 2017 (en cours de publication), *Disaster Narratives in Early Modern Naples. Politics, Communication and Culture*, Université de Naples « Federico II », Naples, Viella.

Cohen S., 2008, *Stati di negazione. La rimozione del dolore nella società contemporanea* [2001], Rome, Carocci.

Cozzolino B., 2006, *San Sebastiano al Vesuvio. Un itinerario storico artistico e un ricordo di Gaetano Filangieri*, Naples, Poseidon.

Daston L. et Galison P., 2007, *Objectivity*, New York, Zone Book.

De Martino E., 2008, *Il mondo magico. Prolegomeni a una storia del magismo* [1948], Turin, Bollati Boringhieri.

De Martino E., 2011, *La fine del mondo. Contributo all'analisi delle apocalissi culturali* [1977], sous la direction de Gallini C., Turin, Einaudi.

Diehl M., Coyle N. et Labouvie-Vief G., 1996, « Age and Sex. Differences in Strategies of Coping and Defense Across the Life Span », *Psychology and Aging* (American Psychological Association), vol. 11, n. 1.

Dobran F., 2006, *Vesuvius 2000. Education, Security and Prosperity*, Amsterdam-Oxford, Elsevier Science & Technology.

Douglas M., 1992, *Risk and Blame. Essays in Cultural Theory*, London-New York, Routledge.

Douglas M. et Wildavsky A., 1982, *Risk And Culture : An Essay on the Selection of Environmental and Technological Dangers*, Berkeley, University of Califonia Press.

Dupuy J.-P., 2006, *Piccola metafisica degli tsunami. Male e responsabilità nelle catastrofi del nostro tempo* [2005], Rome, Donzelli.

Ferraro G., 2008, *Cultural Anthropology : An Applied Perspective [Seventh Edition]*, Belmont, Thomson Wadsworth.

Freeman D., 1984, *Margaret Mead and Samoa : The Making and Unmaking of an Anthropological Myth*, New York, Penguin.

García-Acosta V., 2002, « Historical disaster research », *in* Hoffman S. M. et Oliver-Smith A. (Éd.), *Catastrophe and culture*, Santa Fe, School of American Research.

George P., 1960, « Problèmes géographiques de la reconstruction et de l'aménagement des villes en Europe occidentale depuis 1945 », *Annales de géographie*, n. 371.

Giddens A., 2006, *Le conseguenze della modernità* [1990], Bologne, il Mulino.

Gugg G., 2013, *All'ombra del vulcano. Antropologia del rischio di un paese vesuviano*, thèse en « Scienze antropologiche e analisi dei mutamenti culturali », Naples, Université de Naples « L'Orientale ».

Gugg G., 2014, « Il Vesuvio come logo : tra visibilità e invisibilità », *in* Leone U. (Éd.), *Geoparco Vesuvio*, Ente Parco Nazionale del Vesuvio, Naples, Ottaviano.

Gugg G., 2015a, « Le Vésuve : démesures d'une "catastrophe annoncée" », *comptes rendus* du *Deuxième Congrès international de l'AFEA*, Université Toulouse-Jean Jaurès, juin-juillet.

Gugg G., 2015b, « Rischio e postsviluppo vesuviano : un'antropologia della "catastrofe annunciata" », *in* Benadusi M. (Éd.), *Antropologi nei disastri*, monographie d'*Antropologia Pubblica*, revue de la SIAA (Société italienne d'anthropologie appliquée), n. 1.

Harvey D., 2010, *Géographie et capital. Vers un matérialisme historico-géographique*, Paris, Syllepse.

Jedlowski P., 1994, *Il sapere dell'esperienza*, Milan, Il Saggiatore.

Lazarus R. S., 1966, *Psychological stress and the coping process*, New York, McGraw-Hill.

Ligi G., 2009, *Antropologia dei disastri*, Rome-Bari, Laterza.

Loriol M., 2014, « Coping collectif », *in* Zawieja Ph. et Guarnier F. (Éd.), *Dictionnaire des risques psychosociaux*, Paris, Seuil.

Mead M., 1928, *Coming of Age in Samoa*, New York, Morrow.

Mead M., 1950, *Sex and Temperament in Three Primitive Societies* [1935], New York, Mentor.

Musset A., 2002, *Villes nomades du Nouveau Monde*, Paris, EHESS.

Oliver-Smith A., 1996, « Anthropological research on hazards and disasters », *Annual Review of Anthropology*, vol. 25.

Oliver-Smith A., 2002, « Theorizing Disasters », *in* Hoffman S. M. et Oliver-Smith A. (Éd.), *Catastrophe & Culture. The Anthropology of Disaster*, Santa Fe, School of American Research Press.

Pichon E. et Laforgue R., 1926, *La névrose et le rêve : la notion de schizanoïa*, *in* Laforgue R. (Éd.), *Le rêve et la psychanalyse*, Paris, Grande Librairie médicale A. Maloine.

Quarantelli E. L., 2000, « Disaster Research », *in* Borgatta E. F. et Montgomery R. J. V. (Éd.), *Encyclopedia of Sociology*, vol. 1, New York, Macmillan Reference USA.

Ricciardi G. P., 2009, *Diario del monte Vesuvio. Venti secoli di immagini e cronache di un vulcano nella città*, ESA, Naples, Torre del Greco.

Segaud M., 2010, *Anthropologie de l'espace. Habiter, fonder, distribuer, transformer* [2007], Paris, Armand Colin.

Signorelli A., 1992, « Catastrophes naturelles et réponses culturelles », *Le Feu*, monographie de *Terrain*, n. 19, Paris, Maison des Sciences de l'Homme.

Signorelli A., 1996, *Antropologia urbana : introduzione alla ricerca in Italia*, Milan, Guerini Studio.

Signorelli A., 2008, « Soggetti e luoghi. L'oggetto interdisciplinare della nostra ricerca », *in* Caniglia Rispoli C. et Signorelli A. (Éd.), *La ricerca interdisciplinare tra antropologia urbana e urbanistica. Seminario sperimentale di formazione*, Milan, Guerini Scientifica.

Partie III

L'interdisciplinarité à l'épreuve du terrain

7

Identification et analyse des risques de glissement de terrain depuis une perspective interdisciplinaire : avantages, enjeux et défis. Le cas d'Uspantán, Guatemala

Manuela **Fernández** et Battista **Matasci**

Introduction

Les sciences du territoire sont confrontées de plus en plus à des objets d'études qui bénéficient d'une approche combinant les disciplines et les savoirs (Massicotte, 2008; Beckouche *et al.*, 2012; Feyt *et al.*, 2012). Avec la montée en puissance de la question environnementale, l'exigence d'interdisciplinarité est mise en avant dans de nombreux projets de recherche, mais aussi dans la recherche de solutions applicables sur le terrain. Il s'avère nécessaire de développer des connaissances et des pratiques intégrant autant des aspects matériels que non matériels, afin de rendre compte de la complexité des objets étant à l'interface homme-nature.

Le propos de ce travail est de décrire et d'analyser les manières dont une démarche de recherche interdisciplinaire *élargie* (Jollivet et Barnaud, 1992) se construit en associant les sciences sociales et les sciences naturelles pour identifier et évaluer les risques de catastrophes. En effet, nous proposons d'ouvrir la discussion à travers un exemple concret de travail d'identification et d'évaluation des risques à la municipalité de San Miguel de Uspantán, Guatemala. Durant cette mission de recherche, un géologue et une politologue-géographe se sont retrouvés à travailler ensemble sur un objet d'étude commun : les événements de glissement de terrain. Cette collaboration nous a forcés à confronter nos méthodes et à intégrer de nouvelles perspectives : le géologue incorporant les savoirs des populations dans son analyse et la spécialiste en sciences sociales découvrant les aspects physiques du risque. Suite à cette expérience, nous avons décidé de valoriser les apprentissages tirés de nos échanges et de présenter une approche interdisciplinaire qui envisage de concilier les apports que les diverses sciences peuvent offrir pour aborder l'objet risque. Nous expliquons la démarche méthodologique utilisée, les enjeux retrouvés lors de l'exécution ainsi que les avantages que nous avons découverts pendant et après la mise en pratique du travail de recherche.

Ainsi, les objectifs de ce chapitre sont a) montrer la combinaison des données empiriques géologiques et sociales lors de l'évaluation des risques; b) décrire la méthodologie utilisée; c) présenter les limites et les défis méthodologiques rencontrés et d) mettre en évidence les bénéfices de la démarche interdisciplinaire pour la réduction des risques de catastrophes.

Pour remplir ces objectifs, ce texte est articulé comme suit : nous présentons en premier la définition du risque choisie par notre équipe, laquelle sous-entend l'élaboration d'un vocabulaire commun, l'explicitation des concepts et d'une méthodologie de travail. En deuxième, nous partageons notre expérience de terrain, nos manières de travailler et d'interagir ainsi que les défis méthodologiques auxquels nous étions confrontés. Ces deux moments, théorique et pratique, représentent les instances clés pour que le travail interdisciplinaire prenne forme. La formulation d'une problématique commune et l'accord entre les cadres conceptuels sont des étapes indispensables de toute démarche souhaitant s'inscrire dans une registre interdisciplinaire. De plus notre pratique nous habilite à affirmer, de la même manière que Mathieu *et al.*, 1997, que l'expérience de recherche même et l'action dans le travail de terrain sont les éléments qui permettent finalement de concrétiser l'interdisciplinarité.

L'interdisciplinarité représente un défi dans sa mise en œuvre pratique. Que signifie concrètement avoir une approche interdisciplinaire et à quel moment doit-elle intervenir ? Comment faire travailler ensemble des spécialistes avec des savoirs et langages différents ? Existe-t-il une hiérarchie implicite entre les sciences que les chercheurs doivent assumer ? S'agit-il de trouver des manières de juxtaposer et faire dialoguer les savoirs ou s'agit-il de produire de nouveaux objets ou méthodes de recherches ? C'est à partir de notre cas appliqué que nous essayerons de répondre à ces questions.

1. Étude des risques et interdisciplinarité : démarche ou méthode ?

1.1. Notre équipe et notre mission

Nous étions deux jeunes chercheurs doctorants, travaillant sur la problématique des risques : un géologue et une politologue-géographe. Même si l'objet d'étude nous rassemblait, nous suivions des approches et des méthodologies bien distinctes. Nous nous sommes réunis au début de 2009 par mandat de nos directeurs respectifs de recherche pour mettre en place un travail d'investigation commun. Le but était de s'interroger sur les faiblesses et capacités des populations locales ainsi que sur les liens entre la morphologie résultante de glissements de terrain et le développement des zones à habiter. De même, il était demandé de fournir des recommandations, dans la mesure du possible, aux autorités locales de la municipalité de San Miguel de Uspantán, Guatemala. En effet, l'administration municipale avait demandé à l'Université de Lausanne un travail d'expertise et des propositions d'intervention pour réduire les risques.

Nous nous sommes réunis plusieurs fois avant de nous rendre au Guatemala afin de discuter sur nos objectifs, notre travail de terrain, notre objet d'étude et nos méthodologies. Ainsi, nous étions confrontés à notre premier défi : accorder et délimiter notre démarche en essayant de comprendre et d'intégrer la perspective proposée par une discipline qui n'était pas la nôtre. Le géologue, en tant que spécialiste des dangers naturels, avait travaillé sur le continent européen mais jamais dans un pays centroaméricain où les conditions géo-climatiques et sociales sont autres. La politologue-géographe, de son côté, avait déjà eu des expériences de terrain au Guatemala et connaissait les enjeux de la société mais elle n'était pas familière avec les aspects physiques des dangers naturels. Pour appréhender leur objet, le premier utilisait des données quantitatives tandis que la deuxième privilégiait les données qualitatives. L'un interagissait avec des objets non humains, l'autre avec des objets sujets. Cette divergence d'expériences s'est présentée comme une difficulté au commencement des séances mais, avec le temps, est devenue un atout car elle exigeait un effort d'explicitation de la part de chacun de nous. Ce qui était évident pour l'un ne l'était pas forcément pour l'autre et les questions qui semblaient naïves se sont vite transformées en points centraux pour décloisonner nos savoirs et pratiques disciplinaires. Précisément, dans cet exercice d'explicitation, les points communs et les points de divergence apparaissent, invitant par la suite à réfléchir conjointement sur ce qui constitue un problème (la définition de l'objet), la production des questionnements et des données, les manières d'aborder l'objet (la méthodologie de travail) et, finalement, la production même des réponses.

Par ailleurs, nous avons remarqué que le fait d'avoir tous les deux le statut de jeunes chercheurs nous a facilité notre chemin vers l'interdisciplinarité. Effectivement, nous avions le même degré de hiérarchie et de pouvoir au sein du projet et cela nous a permis de formuler ouvertement nos doutes et d'avancer dans notre démarche commune. Ainsi, un climat de confiance s'est instauré et nous sommes arrivés, suite à plusieurs discussions et confrontations, à trouver une définition commune de notre objet *risque*.

1.2. La définition du risque et le besoin d'une démarche interdisciplinaire

On s'aperçoit, lors de nos discussions, que les notions de risque et de catastrophe ont des dimensions complexes, appréhendées de diverses façons par les chercheurs et les décideurs, en fonction des facteurs et des éléments mis en avant pour les expliquer.

Les approches des sciences naturelles et des sciences appliquées incorporent un point de vue qui est considéré comme *réa-*

liste puisque, selon leur appréciation, le risque est une notion quantifiable, étudiée et évaluée objectivement (Petak et Atkisson, 1982). Quant aux chercheurs appartenant à l'approche des sciences sociales, ils estiment que les causes du risque se trouvent dans la société même. D'après cette perspective, la principale composante de l'équation du risque, la vulnérabilité, prend son origine au travers des processus sociaux, culturels, économiques et politiques (Maskrey, 1993 ; Blaikie *et al.*, 1994 ; García-Acosta, 2005 ; Wisner *et al.*, 2012). En plaçant l'homme ou l'action humaine comme point central d'explication, les disciplines des sciences sociales proposent une notion du risque socialement construite.

Même si chacune de ces perspectives a contribué au développement de nouvelles méthodologies d'analyse et d'évaluation du risque, ce positionnement ne leur a pas permis d'examiner le risque de catastrophe dans son intégralité, causant parfois des difficultés pour sa gestion (Cutter, 1996 ; Cardona, 2003 ; Pigeon, 2005). Nous avons discuté sur des cas concrets et sur l'application de chacune de ces approches et nous sommes arrivés à la conclusion que les spécialistes qui produisent des analyses monocausales (celles qui tiennent compte d'un seul composant) fournissent des propositions qui, par la suite, incitent les décideurs à implanter des politiques sectorielles et à travailler depuis une logique mono-risque. L'acteur chargé de la mise en place de la politique du risque a alors tendance à élaborer des mesures segmentées, ne résolvant que partiellement la situation.

Fournir des analyses fragmentées qui donnent lieu à des résultats partiels n'était pas notre but. Au contraire, nous souhaitions aborder le problème le plus intégralement possible et pouvoir ainsi donner des recommandations robustes, en prenant en compte l'ensemble des caractéristiques du territoire. Par conséquent, nous avons dû établir une définition du risque commune (Figure 1), considérant les apports de chacune de nos disciplines. Nous avons tenté de surmonter l'antagonisme entre *objectivisme* et *constructivisme* et d'utiliser autant les méthodes quantitatives que qualitatives. Dans ce cadre, nous avons cherché à travailler depuis une approche capable d'intégrer les aspects physiques, sociaux, organisationnels et institutionnels liés au développement des sociétés. Le territoire s'est alors révélé comme le trait d'union idéal entre ces approches. Ainsi, nous avons considéré le risque comme la *convolution* (Cardona, 2003) des menaces et des enjeux du territoire, caractérisés par une vulnérabilité.

Figure 1. *Équation du risque choisie pour notre recherche*

Risque = aléa x enjeux multiples du territoire x vulnérabilité

Le terme aléa se base sur la définition proposée par le géologue suivant les approches des sciences naturelles. Dans notre travail, il se retrouve aussi sous la dénomination de *danger naturel* ou *menace*. « Le terme aléa (*hazard* en anglais) s'est peu à peu imposé comme le terme recouvrant à la fois les phénomènes naturels potentiellement destructeurs (séismes, crues, inondations) et l'expression de ce potentiel sous la forme d'une probabilité » (Leone *et al.*, 2010, p. 1). L'aléa posé par un processus naturel d'érosion (glissement de terrain, etc.) se caractérise par une magnitude, une fréquence et une période de retour. La dangerosité d'un aléa, dans un endroit donné, est fonction de la probabilité que le processus se produise et de la probabilité qu'il se propage jusqu'à atteindre l'endroit en question (Varnes, 1984; Guzzetti *et al.*, 1999; Jaboyedoff et Derron, 2005). La deuxième partie de l'équation du risque est composée par les enjeux multiples du territoire et les vulnérabilités. *Les enjeux multiples* sont définis comme les éléments exposés directement ou indirectement aux dangers naturels, par exemple, des biens, de l'infrastructure, des personnes, des fonctions ou des activités. Les enjeux « sont assortis d'une certaine valeur (marchande ou économique, environnementale, stratégique, fonctionnelle, affective) et se caractérisent par différentes formes de vulnérabilités qui les rendent plus ou moins sensibles à l'endommagement ou au dysfonctionnement » (Leone *et al.*, 2010, pp. 31-32). En ce qui concerne la *vulnérabilité*, elle est définie en tenant compte de la perspective des approches des sciences sociales. Selon le dictionnaire des risques de Dupont, elle

> désigne toute forme de fragilité, matérielle ou morale, individuelle ou collective et (...) permet de qualifier un état de fragilité des sociétés face aux dangers et à des changements socioéconomiques qui s'accélèrent. La fragilité dont il est ici question renvoie à une situation de privation, qui concerne à la fois les valeurs, les normes, les capitaux, les ressources matérielles et communicationnelles que l'on peut mobiliser face aux changements. (Dupont, 2003, p. 525)

De cette manière, nous avons pu faire dialoguer nos cadres conceptuels et aller vers la formulation d'une définition intégrale du risque. Cela nous a été utile pour choisir nos méthodes de recherche appliquées au terrain : des méthodes capables de récolter des informations relatives aux dangers naturels et aux vulnérabilités du territoire. C'est lors de cette étape théorique que nous avons initié notre démarche interdisciplinaire.

Bien que cette partie ait été de grande importance pour notre projet, c'est surtout durant le travail de terrain même que nous avons construit notre démarche interdisciplinaire. Comme le proposent Riaux et Massuel « l'interdisciplinarité ne se décrète pas, elle se construit » (Riaux et Massuel, 2014, p. 329). Dans les parties qui suivent, nous présenterons comment l'interdisciplinaire s'est effectivement composé et consolidé.

2. L'expérience du terrain et la consolidation de la démarche interdisciplinaire

Notre travail porte sur la gestion des dangers naturels au Guatemala, dans des villes placées le long d'une faille active appelée Polochic (Figure 2). Cette faille et celle de Motagua, située au sud du pays, constituent la frontière entre les plaques tectoniques des Caraïbes et de l'Amérique du Nord.

***Figure 2.** Géographie physique de la zone d'étude*

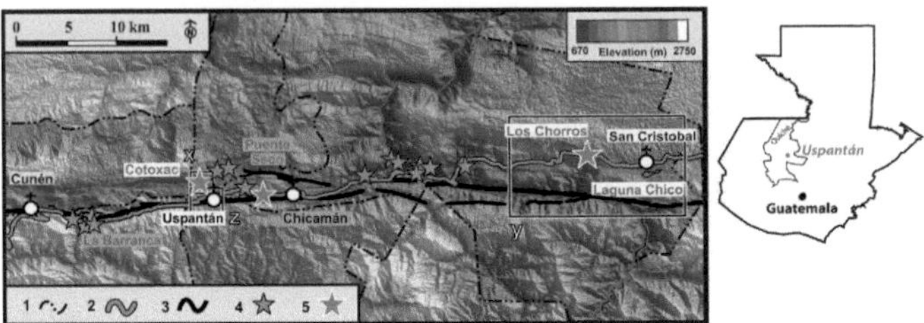

Légende : 1) frontière administrative des municipalités, 2) route principale goudronnée, 3) sections actives de la faille de Polochic, 4) infrastructure endommagée par des glissements de terrain, 5) risques liés aux glissements de terrain (Authemayou *et al*, 2012 cité et modifié par Fernández *et al.*, 2013).

La zone entre ces failles est une région très montagneuse. Tandis que la faille de Motagua occupe une large vallée axiale occupée par le fleuve Motagua, la faille de Polochic détermine un long corridor montagneux occupé par des segments de rivières séparés par des cols (Suski *et al.*, 2010). Tout au long du corridor, une route goudronnée a été construite afin de relier l'Ouest et l'Est du pays, provoquant une urbanisation et une densification importantes dans la zone. Cette région est intéressante pour la recherche scientifique sur les dangers naturels car les populations rurales et urbaines se trouvent en situation de vulnérabilité, avec une exposition aux glissements de terrain et aux séismes. L'investigation traite les réponses locales aux glissements de terrain, qui ont eu lieu sur un tronçon de 50 km le long de la faille de Polochic, entre les villes de Cunén et de San Cristóbal Verapaz (voir Figure 2).

Pour ce chapitre, nous présentons le segment étudié dans la municipalité de San Miguel de Uspantán. Le territoire administratif de S.M. de Uspantán est un des plus grands du département de Quiché, avec une extension approximative de 865 kilomètres carrés. La municipalité est divisée en une zone urbaine et en une zone rurale, cette dernière représentant la majorité du territoire.

Les données du registre municipal datant de l'an 2013 (Gobierno de Guatemala, 2014), indiquent que la population est composée de 66 875 habitants, dont les 10 % résident dans la partie urbaine et les 90 % restants dans la partie rurale. De même, les données montrent que 76 % de la population appartiennent aux groupes indigènes, précisément les groupes ethniques Uspanteko, Kiché, Keqchì et Ixil, lesquels pratiquent une agriculture de subsistance et cultivent le maïs et le haricot noir (frijol). Les communautés indigènes sont organisées en une structure appelée COCODE (Conseil communautaire de développement). Selon la loi des Conseils de développement urbain et rural (Gobierno de Guatemala, 2002), les COCODES, à l'échelle communautaire, sont constitués d'une assemblée communautaire (formée par les habitants de la communauté) et d'un organe de coordination (les chefs des communautés), lequel est choisi selon les valeurs et les normes propres à chaque communauté.

2.1. Notre procédure sur le terrain

Une fois sur le terrain, au mois de mai 2009, et afin d'étudier la situation à risque dans la municipalité de S.M. de Uspantán, nous avons divisé notre travail en fonction des composantes de notre équation de risque. Nous étions ainsi confrontés à notre deuxième défi : l'application de l'interdisciplinarité au travail de terrain. Le géologue avait comme mission de se focaliser sur la composante *danger*; c'est-à-dire l'identification et l'évaluation des glissements de terrain. Quant à la politologue-géographe, elle devait travailler sur la deuxième composante : les vulnérabilités et les enjeux du territoire. À ce stade, cela nous a paru le plus approprié, compte tenu de nos spécialités disciplinaires. Cependant, lors du travail de terrain, nous nous sommes aperçus qu'en partageant nos savoirs nous arrivions à avoir une vision plus globale de la situation et à améliorer ainsi la connaissance sur les risques.

En effet, l'expérience de l'experte en sciences sociales sur le territoire guatémaltèque s'est relevée très utile pour démarrer le travail du géologue. Puisqu'elle avait déjà effectué une recherche exploratoire en 2008 dans la municipalité, nous étions au courant des fractures sociales, des acteurs clés et du fonctionnement de la société locale. En sachant que les communautés locales étaient en conflit avec les compagnies exploitant des mines et qui interdisaient toute intervention d'un géologue sur leurs terrains, nous avons décidé d'agir en amont pour pouvoir démarrer nos activités. Dans ce contexte, non seulement le scientifique social devait obtenir l'accord des communautés pour récolter ses données mais également le représentant des sciences naturelles. Avec l'appui des autorités locales (lesquelles avaient demandé nos services et encourageaient nos propos scientifiques) et du bureau de planification urbanistique municipal, nous avons organisé une première rencontre avec les chefs des communautés. À cette occasion, nous avons explicité notre appartenance institutionnelle, nos objectifs de recherche et la méthodologie de travail. Nous avons précisé l'utilité du travail pour les communautés et l'importance de faire une étude sur les risques. Les chefs des communautés y ont manifesté leur préoccupation pour la situation et leur intérêt de bénéficier des résultats scientifiques.

Un premier accord s'est établi, mais nous savions que cela n'était pas suffisant pour commencer nos activités car une discussion collective pour prendre une décision devrait avoir lieu, selon le mode d'organisation des communautés. C'est pourquoi, au travers des chefs des communautés, nous avons convoqué les habitants des hameaux de Cotoxac, Bellas Flores, Chamac, Jacubí, El Duraznal et Piedras Negras à une séance de présentation. Les rassemblements se produisaient dans les écoles de chacun des hameaux avec la participation de l'administration municipale, des chefs communautaires et des habitants. Ces deux premiers nous introduisaient auprès des communautés et par la suite nous continuions avec notre exposé. Étant donné que les populations parlent les langues mayas et que l'espagnol est leur deuxième langue, nous demandions aux employés de la municipalité de faire la traduction pour assurer la bonne compréhension et éviter les malentendus. Une discussion animée, pouvant durer jusqu'à trois heures, se poursuivait alors entre les membres de la communauté. Ils ont débattu sur les avantages et inconvénients de notre présence et ils ont fini par accepter notre intervention.

Afin de mettre en place nos méthodologies respectives et de récolter les données utiles pour identifier et évaluer les dangers et les vulnérabilités, la chercheuse en sciences sociales a proposé au géologue de se faire accompagner lors de ses visites de terrain par des membres des communautés, telle qu'elle le faisait pour ses propres visites. Cette suggestion avait une double finalité. Premièrement, elle servait à expliquer aux habitants des communautés les comportements des processus physiques et à enseigner la manière d'identifier des symptômes préalables aux glissements de terrain. Deuxièmement, le géologue pouvait bénéficier de la connaissance et des savoirs locaux sur le territoire et avancer efficacement dans ses recherches.

La politologue-géographe menait des entretiens auprès des populations concernant la perception du danger, les sentiments associés aux menaces, la capacité à faire face aux événements naturels et à prendre des mesures préventives et réactives. Quant au géologue, c'est la première fois qu'il travaillait avec des communautés et qu'il réalisait ses analyses en compagnie de non-scientifiques. En posant des questions aux habitants, il a mobilisé des outils propres aux sciences sociales qui lui ont permis par la suite d'acquérir une bonne connaissance du terrain. De plus, les guides locaux ont pu l'amener directement sur les terrains fracturés et les zones où existaient des petits glissements de terrain. En effet, la population locale connaît bien son territoire, les chemins et les accès aux zones critiques.

2.2. Le croisement d'informations et l'interdisciplinarité expérimentée

À la fin de nos journées de travail, nous nous réunissions pour partager nos découvertes et discuter de la situation. C'était lors du croisement d'informations que nous avons concrètement expérimenté l'interdisciplinarité et ses avantages. Au fur et à mesure, au travers de nos dialogues, nous commencions à nous servir des données récoltées par notre partenaire. Le géologue racontait où il avait trouvé des fractures dans la terre, les maisons et les zones les plus affectées et cette information servait à l'experte en sciences sociales à modifier ses questionnements initiaux et à mener ses enquêtes ailleurs. L'utilisation d'une méthodologie provenant d'une autre discipline se réalisait ainsi dans les deux sens. Le géologue incorporait des outils des sciences sociales pour améliorer sa connaissance sur le danger et, de son côté, la politologue-géographe intégrait des questionnements propres aux sciences naturelles pour compléter ses analyses. En effet, elle s'est retournée vers l'identification des aléas en incorporant dans ces interrogations des questions relatives à la fréquence, à la durée et à la magnitude des événements naturels. Ainsi, elle ne s'intéressait pas uniquement à l'analyse des vulnérabilités mais aussi à l'ensemble des facteurs intervenant dans une situation à risque.

Considérant les appréciations du géologue sur les glissements de terrain, la représentante des sciences sociales a incorporé dans sa méthodologie des outils participatifs (Chambers, 1994 ; Reed, 2008), utiles pour récolter auprès des communautés des informations relatives aux vulnérabilités et aux dangers. Elle a favorisé le *risk mapping* (Cadag et Gaillard, 2012) défini comme « a more elaborate and comprehensive way to assess dangers and trends. It involves using meetings involving different groupings of people in the community who identify what they consider to be the main hazards they face » (van Aalst *et al.*, 2008, p. 168).

Ainsi, pour chacune des communautés à étudier, elle s'est réunie avec les membres constituant le COCODE. Elle leur a demandé de dessiner des croquis ou des cartes de leurs hameaux et de signaler également les aires qui, selon leur avis, constituaient des zones dangereuses. Dans la majorité des cas, la méthode de *risk mapping* a été avantageuse pour identifier et délimiter ce qui est perçu comme vulnérable et dangereux.

Par exemple, les membres du COCODE de la communauté de Jacubi II ont identifié des maisons affectées par les glissements de terrain, ainsi que des zones dangereuses. Sur le croquis (Figure 3), ils ont dessiné la route principale au centre de la carte et les maisons qui se trouvent à proximité de celle-ci. Certaines de ces maisons sont considérées des maisons peu sûres. Aussi, ils ont représenté des fractures dans la terre. Quand la chercheuse a demandé pourquoi ils considéraient ces maisons en danger, ils ont répondu que l'effondrement et les fissures trouvées dans la terre mettaient en péril leurs foyers. Grâce à ces cartes, il a été possible de savoir que les habitants de la communauté de Jacubi II connaissaient les symptômes indiquant le développement des glissements de terrain.

***Figure 3.** Croquis du hameau de Jacubi II élaboré par les représentants du COCODE*

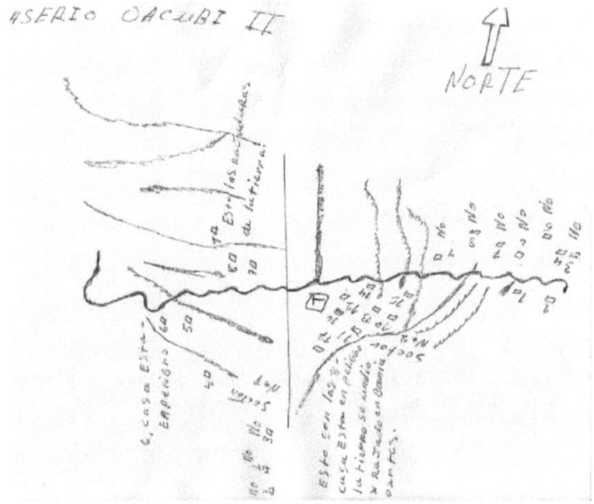

L'analyse des croquis n'a pas été effectuée de manière individuelle par la chercheuse. Au contraire, elle interprétait les dessins en compagnie du géologue. Cet échange s'est avéré très fructueux pour la compréhension globale de la situation. La géographe-politologue s'est rendu compte de la relation entre la visibilité de certains processus physiques tels que les fractures dans la terre et les comportements des populations. L'explication du géologue, quant au lien de cause à effet entre les fractures et les glissements de terrain, a permis de mieux saisir les réponses préventives et réactives des habitants. En effet, le désir de déplacer les maisons était déterminé, entre autres, par la proximité des fissures dans la terre. Quant au géologue, grâce aux croquis, il a repéré qu'il y avait des fissures à des endroits où il ne le présumait pas. C'est pourquoi, sur la base de ces cartes, il s'est rendu dans ces zones et a remarqué qu'effectivement des fissures dans la terre existaient (Figure 4). Cette information venait ainsi compléter son évaluation sur les glissements de terrain dans le hameau de Jacubi II.

Figure 4. *Niches d'arrachement et fractures dans le hameau de Jacubi II*

Photo 1 : Vue de la niche d'un des trois glissements superficiels. L'épaisseur de matériel manquant est d'environ 80 cm. Photo 2 : Vue d'une partie de la niche du grand glissement. L'ampleur du mouvement est difficile à estimer, car le champ est cultivé. Le reste du glissement est peu visible à cause de la végétation. Photo 3 : Habitant montrant les fissures cachées par la végétation et les cultures de maïs. Crédit photo : Matasci, 2009.

En découvrant des nouvelles fissures sur la localité de Jacubi II, le géologue put identifier quatre glissements de terrain. Le plus grand des quatre a un volume d'environ 1 000 m^3 présentant un mécanisme de rupture roto-translationnel avec une surface de rupture de 3 m de profondeur sur sa partie supérieure et 1,5 m sur sa partie inférieure. De plus, il a affiné la date de l'événement grâce aux informations fournies par son accompagnateur de terrain. Le grand glissement de terrain date de 2004. Les trois autres sont des glissements de terrain de type superficiel et ont des volumes d'environ 30 à 40 m^3. Le matériel de ces glissements est constitué d'une matrice détritique rougeâtre et fine (silt/sable), avec des galets et des blocs de pélite et de grès.

En plus des enrichissements mutuels qu'il apporte pour la recherche scientifique, l'échange des informations géologiques et sociales nous a également servi à fournir aux autorités des recommandations plus complètes et conformes à la réalité observée. D'une part, nous avons utilisé l'évaluation des dangers déterminée par l'activité des glissements (mouvements anciens, mouvements récents, vitesse d'évolution des phénomènes, ouverture de fractures, colonisation ou pas par la végétation, volumes de matériel mobilisé), les caractéristiques des lithologies (type de roche ou de dépôt, cohésion, angle de frottement, modification des pressions d'eau interstitielles), l'effet d'éventuelles venues d'eau (localisation par rapport au glissement, débit) et la distance aux zones potentiellement dangereuses (zones de déclenchement, zones d'accumulation). D'autre part, nous avons incorporé à nos analyses les données qualitatives récoltées lors des entretiens et à travers la méthode du *risk mapping*. Grâce à cette combinaison des données, nous avons pu proposer des solutions adaptées au contexte.

Par exemple, nous avons suggéré de relocaliser les familles habitant dans les zones où le danger est très élevé. Bien que la relocalisation ne soit pas une mesure facile à appliquer (Oliver-Smith, 1991) et que des études démontrent qu'elle représente un coût important pour les habitants (Cernea, 1997), nous avons évoqué cette possibilité, car les résultats de nos entretiens montrent que les personnes habitant dans les zones à haut danger sont des propriétaires privés prêts à quitter leurs terrains pour s'installer dans des zones sécurisées. Cependant, ils ne le font pas, car ils se trouvent dans l'impossibilité de vendre leurs terrains (à cause de la dangerosité) et parce qu'ils n'ont pas les moyens nécessaires pour acheter de nouvelles parcelles. Notre suggestion aux autorités locales a donc été d'utiliser les fonds que l'État possède pour les cas de catastrophes et d'initier un processus de relocalisation, en achetant de nouvelles propriétés ou en donnant des subventions. Également, nous les avons invités à transmettre les résultats de nos analyses du danger à la Coordination nationale de réduction des risques (CONRED) du Guatemala et de lui demander d'initier des programmes de sensibilisation et de prévention des risques. Selon les données récoltées dans nos entretiens, les personnes qui effectuent des mesures préventives sont celles qui possèdent une connaissance du danger, en termes de fréquence, magnitude ou temps de retour. Pour cette raison, nous considérions que les programmes de communication et de sensibilisation des risques s'avéraient adéquats dans ce contexte.

2.3. Les constats issus de l'interdisciplinarité appliquée au terrain

Nous avons appris les avantages d'une démarche interdisciplinaire en parcourant notre terrain, en observant les mêmes objets, en se posant des questions qui servaient à compléter les interrogations individuelles et finalement en s'appropriant des outils de la discipline voisine. Le travail interdisciplinaire s'est révélé très efficace pour améliorer les conditions de mise en place du travail scientifique en général et pour l'appréhension des risques de catastrophes en particulier.

Premièrement, il nous a été de grande utilité pour identifier les problèmes sociétaux qui peuvent empêcher le travail scientifique. Pour analyser des situations à risque, il ne suffit pas d'avoir une connaissance préalable des phénomènes naturels, il lui faut aussi une connaissance des caractéristiques sociétales locales. Dans notre cas, le fait de savoir que les populations se méfient des géologues à cause de l'exploitation des mines et qu'elles s'organisent par assemblée nous a permis d'établir un plan d'action en amont du travail scientifique via des séances communes. Sans ces informations, tant le géologue que le spécialiste des sciences sociales aurait difficilement pu achever ses travaux.

Deuxièmement, grâce à l'extrapolation des méthodes et au croisement d'informations, le géologue s'est basé sur le savoir local pour améliorer la connaissance de l'aléa glissement de terrain. En effet, il a bénéficié des connaissances de ses accompagnants et, à travers les croquis effectués par les habitants, il a identifié de nouveaux processus physiques qui lui ont permis de mieux évaluer les glissements de terrain. Quant à la spécialiste des sciences sociales, elle a amendé ses entretiens compte tenu de la fréquence, de la magnitude et de la durée des menaces. Par exemple, en sachant où les limites physiques du glissement se situent, elle a modifié les questions, les endroits à enquêter et les familles à visiter.

Troisièmement, la combinaison des données quantitatives et qualitatives s'est révélée de grande importance lors de la formulation des recommandations en matière de risques. À une carte de danger nous avons pu associer les données qualitatives récoltées lors des entretiens et offrir ainsi un document important pour les décideurs. Ce dernier permet d'identifier les zones les plus dangereuses, les familles les plus affectées et les endroits où il faut intervenir le plus urgemment.

Discussions finales et conclusions

Le travail interdisciplinaire se montre très approprié pour appréhender les risques de catastrophes de manière holistique. En effet, il nous a permis d'intégrer dans une même étude les variables géologiques et les variables socialement structurantes. Également dans nos analyses, l'interdisciplinarité nous a amenés à distinguer en même temps qu'à intégrer une *dimension territoriale* (expérience, culture du risque) et une *dimension objective* du risque (aléa, potentialité statistique du risque).

En ce qui concerne l'interdisciplinarité en elle-même, l'expérience nous montre qu'il s'agit d'un travail construit collectivement par des chercheurs voulant proposer une vision et une analyse systémique d'une situation. Quant à sa mise en place, nous l'avons pratiquée en deux temps bien distincts. Tout d'abord, lors de l'élaboration d'une problématique commune et dans la recherche de nos cadres conceptuels. Ensuite, nous l'avons exercée dans notre travail de terrain.

Le premier moment nécessite une véritable explicitation des concepts ainsi qu'un exercice de traduction entre disciplines. Dans ce temps théorique, chaque discipline apporte ses forces analytiques et conceptuelles propres et est aussi obligée de dépasser le caractère partiel de son explication, en incorporant les présupposés que l'autre discipline présente. En outre, notre expérience nous amène à affirmer qu'un climat de confiance et de respect entre chercheurs et hiérarchies est également nécessaire pour que l'interdisciplinarité ait lieu. En effet, la construction de l'interdisciplinarité dépend d'une réflexivité responsable et d'une éthique entre partenaires, notamment pour réaliser une réelle intégration, construire une problématique commune et incorporer des questions abordées par nos disciplines voisines.

Le deuxième temps de l'interdisciplinarité correspond au travail de terrain. De la même manière que Riaux et Massuel, 2014, nous estimons que le terrain est un passage indispensable pour ce type démarche. Quand le terrain est pratiqué conjointement, les chercheurs sont en mesure d'identifier des inconvénients ou des pistes qui permettront de faire avancer le travail scientifique. Précisément, le terrain donne l'opportunité aux chercheurs de réfléchir autour de la définition des échelles d'espace et de temps, de l'élaboration d'un vocabulaire partagé, d'une représentation commune de la situation et du choix d'angles d'analyse utiles pour toutes les parties prenantes.

Finalement, d'après notre expérience, nous constatons que l'analyse et l'identification des risques de catastrophes nécessitent une démarche interdisciplinaire. Cela implique une pluralité des connaissances et des apprentissages provenant de divers domaines en interaction constante, de sorte qu'aucune discipline ne peut avoir le monopole sur la construction des solutions.

Remerciements : Prof. Jean Ruegg, Prof. Michel Jaboyedoff, Dr. Gilles Brocard et Municipalité de Uspantán.

BIBLIOGRAPHIE

Authemayou C., Brocard G.,Teyssier C., Suski B., Cosenza B., Moran-Ical S., Gonzalez-Veliz C.W., Aguilar-Hengstenberg M.A., Holliger H., 2012, « Quaternary seismo-tectonic activity of the Polochic Fault, Guatemala », *Journal of Geophysical Research*, vol. 117, n. B7.

Beckouche P., Grasland C., Guérin-Pace F., Moisseron J.Y., 2012, *Fonder les sciences du territoire*, Paris, Karthala.

Blaikie P., Canon T., Davis I., Wisner B., 1994, *At risk : natural hazards, people's vulnerability, and disasters*, London, Routledge.

Cadag J. R. D. et Gaillard J.C., 2012, « Integrating knowledge and actions in disaster risk reduction : the contribution of participatory mapping », *Area* 44 (1), pp. 100-109.

Cardona O. D., 2003, « The need for rethinking the concepts of vulnerability and risk from a holistic perspective : a necessary review and criticism for effective risk management » in Bankoff G., Frerks G. and Hilhorst D., *Mapping Vulnerability : Disasters, Development and People,* London, Earthscan.

Cernea M., 1997, « The risks and reconstruction model for resettling displaced populations », *World Development,* 25 (10), pp. 1569-1587.

Chambers R., 1994, « Participatory rural appraisal (PRA) - Analysis of experience », *World Development,* 22(9), pp. 1253-1268.

Cutter S. L., 1996, « Societal responses to environmental hazards », *International Social Science Journal*, 48(150), pp. 525-536.

Dupont Y., 2003, *Dictionnaire des risques*, Paris, Armand Colin.

Fernández M., Matasci B., Ruegg J., Jaboyedoff M., 2013, « Investigación interdisciplinar para el análisis y evaluación de riesgos de deslizamientos : el caso del municipio de Uspantán Guatemala », *Libro de resúmenes del 1° Congreso Internacional de Riesgos de Desastres y Desarrollo Territorial Catamarca,* pp. 275-277, Catamarca, Editorial Científica Universitaria de la Secretaría de Ciencia y Tecnología.

Feyt G., Landel P.A., Turquin E., 2012, « Sciences territoriales et territoires : les conditions de la rencontre », *Fonder les sciences du territoire*, pp. 201-215, Paris, Karthala.

García-Acosta V., 2005, « Vulnerabilidad social, riesgo y desastres », *Desacatos*, 19, pp. 7-8.

Gobierno de Guatemala, 2002, *Ley de Consejos de Desarrollo Urbano y Rural, Guatemala*, Imfopront.

Gobierno de Guatemala, 2014, *Caracterización Departamental-Quiché 2013- Instituto Nacional de Estadística,* Guatemala, Gobierno de Guatemala.

Guzzetti F., Carrara A., Cardinali M., & Reichenbach P., 1999, « Landslide hazard evaluation : a review of current techniques and their application in a multi-scale study, Central Italy », *Geomorphology*, 31(1), pp. 181-216.

Jaboyedoff M. et Derron M.-H., 2005, « Integrated risk assessment process for landslides » *In* Hungr O., Fell R., Couture R., and Eberhardt E., *Landslide risk management*, 776, London, Taylor and Francis.

Jollivet M. et Barnaud G., 1992, *Sciences de la nature, sciences de la société : les passeurs de frontières*, CNRS.

Leone F., Richemond N., Vinet F., 2010, *Aléas naturels et gestion des risques*, Paris, PUF.

Maskrey A., 1993, *Los desastres no son naturales*, Lima, LA RED.

Massicotte G., 2008, *Sciences du territoire : perspectives québécoises*, Québec, PUQ.

Mathieu N., Rivault C., Blanc N., Cloarec A., 1997, « Le dialogue interdisciplinaire mis à l'épreuve : réflexions à partir d'une recherche sur les blattes urbaines », *Natures Sciences Sociétés,* 5(1), pp. 18-30.

Oliver-Smith A., 1991, « Successes and failures in post-disaster resettlement », *Disasters* 15(1), pp. 12-23.

Petak W. J. et Atkisson A., 1982, *Natural hazard risk assessment and public policy : anticipating the unexpected* (No. 363.34 P477), New York, Springer-Verlag.

Pigeon P., 2005, *Géographie critique des risques,* Paris, Economica-Anthropos.

Reed M., 2008, « Stakeholder participation for environmental management : A literature review », *Biological conservation* 141(10), pp. 2417-2431.

Riaux J.et Massuel S., 2014, « Construire un regard sociohydrologique (2). Le terrain en commun, générateur de convergences scientifiques », *Natures Sciences Sociétés* 22 (4), pp. 329-339.

Suski B., Brocard G., Authemayou C., Muralles B., 2010, « Localization and characterization of an active fault in an urbanized area in central Guatemala by means of geoelectrical imaging », *Tectonophysics* 480, pp. 88-98.

van Aalst M. K. M., Cannon T., Burton I., 2008, « Community level adaptation to climate change : The potential role of participatory community risk assessment », *Global Environmental Change* 18 (1), pp. 165-179.

Varnes D.J., 1984, « Landslide hazard zonation : a review of principles and practice », *IAEG Commission on Landslides and other Mass Movements,* Paris, UNESCO Press.

Wisner B., Gaillard I., Kelman I., 2012, *The Routledge handbook of hazards and disaster risk reduction*, London, Routledge.

8 La question est aussi urbaine : une déconstruction de la gestion des risques et des crises à Lima

Jérémy **Robert**

Introduction

La gestion des risques et des crises tend à se focaliser sur le phénomène déclencheur, sur l'aléa à l'origine de la catastrophe. C'est le séisme, le tsunami, le volcan, le virus à l'origine de l'épidémie. Les priorités sont la prévention et la protection face à ces menaces, ensuite la gestion des secours, parfois les populations vulnérables. La gestion urbaine dessine un autre champ, distinct, interrogeant le gouvernement des villes, la gestion des problèmes quotidiens et des défis pour l'avenir. Ces champs sont accompagnés de leurs spécificités, leurs spécialités et leurs spécialistes. Gestion de crise et gestion des risques sont des notions qui circulent communément ensemble dans un champ relativement bien identifié et spécifique. Ce champ, même s'il englobe différents types de risques, tend communément à se circonscrire aux « risques naturels » de par les références et les concepts mobilisés. La gestion urbaine s'empare de ces notions de temps à autre. Cependant, le passage d'un champ à l'autre fait l'objet d'un certain nombre d'obstacles, allant du sens commun aux rapports de domination dans les sciences et dans le monde social.

Ce chapitre part de notre recherche doctorale sur la gestion de crise en cas de séisme majeur dans la ville de Lima, au Pérou (Robert, 2012). En parallèle d'une entrée plutôt opérationnelle et méthodologique visant à produire des connaissances sur une crise à venir, nous y proposons aussi une approche de la crise comme révélateur des vulnérabilités et des tensions qui régissent le monde social. Selon cette deuxième entrée, nous avançons sur un terrain peu balisé où s'entrecroisent différents champs de recherche et surgissent les obstacles épistémologiques et flous conceptuels (Lagadec, 2003). Nous rejoignons ainsi l'objectif de cet ouvrage « d'identifier et examiner les progrès, failles et lacunes, ainsi que les avancées théoriques, méthodologiques et conceptuelles dans ce domaine d'étude… ». À partir du cas de Lima, notre contribution mobilise une géographie critique qui questionne non seulement « l'enclavement » conceptuel dans les champs des « risques naturels », mais qui cherche aussi à identifier les rapports de domination que la recherche contribue parfois à produire, si ce n'est à légitimer (Metzger et Robert, 2015).

L'objet de notre propos est de montrer que la question de la gestion des risques et des crises fait partie intégrante de la gestion urbaine. En considérant le dénominateur commun de « gestion », nous souhaitons insister sur l'idée partagée de l'action collective. La gestion, définie comme l'« action ou manière de gérer, d'administrer, de diriger, d'organiser quelque chose » (selon le dictionnaire Larousse) – ici la crise, le risque ou la ville – implique de façon plus ou moins marquée la responsabilité des pouvoirs publics pour la gestion d'un problème collectif. Aussi, nous orienterons notre réflexion sur les modalités de gestion des crises, des risques et de la ville, sur la façon d'aborder les problèmes, la prise de décisions et le pourquoi des interventions. L'objectif est de mettre au jour les liens entre des champs qui sont présentés séparément, parfois de façon artificielle ou au contraire suivant des schémas profondément ancrés dans les institutions, qu'elles soient opérationnelles ou académiques. Elle rejoint les préoccupations relatives aux liens entre la recherche et l'aménagement, entre le fondamental et l'appliqué (Pigeon, 2005), incontournables aussi bien concernant les risques que la question urbaine.

En suivant une démarche réflexive sur notre travail de thèse, nous proposons une autre lecture de la gestion des risques et crises qui met en évidence ses imbrications avec la gestion urbaine. Quels sont les décalages et les points de rencontre ? Quels sont les problèmes traités, et ceux qui sont instrumentalisés ? Cette lecture s'appuie essentiellement sur une analyse des politiques de gestion des risques et des crises, à différentes échelles, en interrogeant aussi bien leurs applications et leurs effets sur la réalité urbaine que leur inscription dans cette réalité. En plus du matériel rassemblé pendant le travail de thèse (2008 - 2012), nous mobiliserons des connaissances et observations menées postérieurement et jusqu'à aujourd'hui sur les politiques, projets et dynamiques urbaines de Lima. Plus que l'interdisciplinarité, notre réflexion interroge le(s) champ(s) de recherche dans le(s)quel(s) elle s'inscrit, en privilégiant des regards et des questionnements croisés sur une diversité d'objets pour mieux saisir la construction de la vulnérabilité des territoires.

À partir d'une analyse critique des modalités de gestion des risques et crises à Lima, nous insisterons dans un premier temps sur les limites et les déterminants qui les formatent. Le deuxième temps de la démonstration s'attachera à l'analyse de l'instrumentalisation des risques dans les projets d'aménagements du territoire et en particulier dans les interventions des quartiers informels. Ce sont les discours et les interventions légitimés par le risque qui seront analysés, aussi bien au niveau des interventions concrètes au niveau local qu'en termes institutionnels. Au final, la gestion de crise aussi bien que la gestion des risques apparaissent comme deux champs d'ordre technique, présentés et analysés en dehors des questions politiques et sociales du champ de la gestion urbaine. Ils y occupent pourtant une place majeure aussi bien comme instruments de l'action publique que comme objets permettant de mieux comprendre les phénomènes urbains.

1. Les approches « classiques » de la gestion des risques et des crises

1.1. La gestion des risques : aléas et éducation

Au Pérou, la gestion des risques se structure autour de deux piliers : la réalisation de zonage d'aléas comme outil de planification préventive, et l'éducation pour la construction d'une « culture du risque ». Le premier axe d'action se développe dans la lignée d'une série d'études techniques réalisées dans les années 1980 cherchant une meilleure définition des zones exposées aux aléas. Cette approche « top down » vise la planification de l'usage du sol en fonction de leur exposition. Elle devient un pivot stratégique des politiques de gestion des risques péruviennes durant la Décennie internationale de réduction des catastrophes[1] (Degg et Chester, 2010). Une série de zonages multi-aléas, ainsi que des programmes de sensibilisation à destination des institutions et du public, sont réalisés dans plusieurs villes dans le cadre du Programme national pour la réduction des désastres initié en 1988. Suite aux événements provoqués par le Niño de 1997-1998, le programme « *Ciudades sostenibles* » (villes durables) impulsé par le PNUD, reprend cette ligne d'action pour l'appliquer de façon systématique : 130 villes font alors l'objet d'un zonage d'aléa entre 1998 et 2008. En parallèle, l'accent est mis sur les mesures d'éducation, par l'insertion du thème dans les programmes scolaires dès les années 1990. Ce second pilier se consolide et se généralise ensuite avec l'objectif de développer une « culture du risque », s'appuyant principalement sur des campagnes d'informations et de sensibilisation.

Ces deux piliers s'appliquent avec plus ou moins de succès au niveau local, notamment dans l'agglomération capitale. Le programme de *Ciudades sostenibles,* face à la taille de Lima et sa complexité, se restreint au seul district de Chosica connu pour ses fréquentes laves torrentielles (*huaycos*) (Abad, 2009). De façon générale, la prise en compte des risques dans les documents municipaux de planification se révèle assez sommaire. Les gouvernements locaux (province et district), avec un appui technique relativement limité de la part de l'INDECI (Institut national de défense civile), s'intéressent peu à cette question. Le corpus de données existant à Lima n'est guère mobilisé, permettant une certaine souplesse et marge de manœuvre pour la planification. Le

1. Notamment sous l'impulsion de l'Ingénieur Julio Kuroiwa, professeur de l'Université nationale d'ingénierie de Lima, référence nationale sur la thématique des risques au Pérou, en particulier concernant le risque sismique.

zonage sismique réalisé par le CISMID[2] en 2005, auquel le milieu scientifique de la gestion des risques accorde une grande importance, n'est paradoxalement pas pris en compte dans les plans de zonage de l'occupation du sol réalisés par l'Institut métropolitain de planification (IMP). L'usage de ce document est d'ailleurs limité pour la planification puisqu'il se restreint aux zones urbanisées et ne considère pas les zones d'extensions potentielles de la ville. Les autres aléas (quand il existe de l'information) ne sont pas pris en compte de façon systématique dans les documents officiels de zonage. Certains aléas sont inclus au cas par cas dans une catégorie dite de « règlementation spéciale », aux côtés d'autres cas particuliers comme les zones de protection patrimoniales. Ainsi, les zones de « rénovation et sécurité urbaine » côtoient les versants qualifiés soit de « zones de risque géotechnique sujette à règlementation spéciale » lorsqu'ils sont occupés, soit dans le cas contraire de « parcs touristiques (zone de récréation publique) » ou de « zones de protection et de traitement paysagères » (Robert et Sierra, 2009). L'argument du paysage est aussi avancé pour limiter l'urbanisation sur les versants dans certains districts, où une frange de protection paysagère dessine la limite de l'urbanisable (cas de La Molina). Elle disparaît cependant dans le district voisin (Villa Maria del Tríunfo), avec une configuration topographique identique mais plus populaire. La prise en compte des aléas dans les documents officiels de zonage et d'occupation du sol est donc non seulement très partielle mais varie aussi en fonction des cas et des gouvernements locaux.

Plus que par des besoins objectifs, la gestion du risque semble déterminée par des représentations, en fonction des événements passés, de ce qui attire l'attention, ce dont on parle dans les médias. Ces représentations déterminent aussi bien les lieux que les modalités d'intervention. L'attention se focalise sur des espaces stigmatisés – « espaces à risques » –, qui peuvent varier en fonction des époques, des acteurs et de leurs intérêts (Sierra, 2009). Ce sont tantôt les quartiers anciens délabrés centraux et péricentraux, tantôt les quartiers périphériques d'origine informelle – les

2. CISMID : Centro Peruano Japonés de Investigaciones Sísmicas y Mitigación de Desastres.

bidonvilles ou Asentamientos Humanos selon la terminologie locale – occupant les versants des cerros (collines) et vallées des contreforts andins affectées par les huaycos. La focale est souvent définie par l'urgence, face à la pression exercée par les médias après un événement. En résultent des actions ponctuelles, localisées, là où le risque apparaît le plus évident. Cette logique d'intervention est renforcée par une multitude de projets d'ONG, largement dépendants d'éléments conjoncturels, d'opportunités de financements, ou encore des contacts locaux et des réseaux établis. Globalement, les contenus sont focalisés sur l'aléa et la nature même des projets privilégient les interventions « pilotes » sur des petites unités spatiales (districts ou quartiers). Parfois concertées avec les autorités, ces interventions ne renvoient pas à une lecture spatiale d'ensemble, et illustrent la déconnexion généralisée de la gestion des risques vis-à-vis des politiques urbaines. Ce décalage se trouve renforcé dès lors qu'on avance dans le champ de la gestion de crise.

1.2. La gestion de crise : la magnitude et les secours

La préparation à la gestion de crise, compétence historique de l'INDECI, connaît récemment un nouvel essor. Le séisme de 2007 à Pisco, en révélant les faiblesses des autorités péruviennes, a mis sur l'agenda public la préoccupation d'un séisme majeur dans la capitale, renforcée par les catastrophes d'Haïti et du Chili en 2010, puis du Japon en 2011 : Lima est sur la ceinture de feu du Pacifique et doit se préparer à un grand séisme. Ce séisme pourrait être similaire à celui de 1746, le « Big One », qui ravagea la ville ne laissant que quelques maisons sur pied. Or, Lima concentre aujourd'hui plus de 9 millions d'habitants, soit près de 150 fois plus qu'en 1746.

Face à ce type d'événement, la prévention constitue un défi majeur. Si les autorités posent la question de la vulnérabilité du logement, elles le font de façon timide, sans réels projets d'intervention. L'attention se focalise de fait sur la gestion de crise, qui rencontre un appui fort dans les évolutions internationales vers le nouveau paradigme du preparedness : face à l'impossibilité d'éliminer le risque, il s'agit de s'y préparer. La préparation à la gestion de crise est portée par des spécialistes des secours et orientée par les spécialistes des sciences de la Terre. Les délibérations sur les différents scénarios possibles ont pour thème central la magnitude du séisme : 7.0, 8.0 voire 9.0 (suite au séisme du Chili en 2010). La vulnérabilité croissante de l'agglomération, et particulièrement de ses quartiers populaires, est admise comme contexte; les défis logistiques et de fonctionnement de la ville sont évoqués mais difficilement cernés. Les actions et projets sont orientés sur les opérations de secours, simulacres d'évacuations, et autres opérations de sensibilisation de la population (campagne d'information, tracts, etc.).

Malgré la préoccupation réelle des autorités, qui ont conscience des faiblesses de l'agglomération urbaine sans arriver à les identifier et quantifier avec précision, les approches concernant les conséquences potentielles restent largement minoritaires. Seul un nombre limité d'études rentrent dans cette logique, à l'image de l'évaluation des dommages potentiels aux logements et du nombre de victimes en cas de séisme de grande magnitude à Lima financée par la coopération suisse et réalisée par une ONG locale (PREDES, 2009). Focalisées sur la quantification des pertes en fonction de la magnitude de l'événement, ces études n'abordent pas (ou alors de façon très superficielle) les possibles dysfonctionnements urbains. Les risques de rupture de l'approvisionnement en eau, en énergie, en aliments, endommagements et saturation des établissements de soins, perte des télécommunications, ou encore menace de l'ordre public représentent pourtant des défis majeurs (D'Ercole et al., 2011). Cette façon de concevoir le risque et la préparation à la survenue d'une crise majeure surdétermine donc largement les modalités de gestion.

1.3. Les déterminants et les limites de la gestion des risques et des crises

De façon schématique (et classique), le problème est finalement posé de la façon suivante : le risque résulte de l'urbanisation de zones d'aléas par des populations défavorisées. La solution se présente alors en ces termes : une fois analysées les caractéristiques physiques de l'aléa, il s'agit, à partir de là, d'un côté de planifier l'usage du sol pour interdire l'occupation des zones les plus exposées et se protéger contre les aléas, de l'autre, d'éduquer la population et de se préparer aux événements futurs (mettre en place des systèmes d'alertes, définir des zones d'évacuation, faire des exercices, etc.).

La planification préventive est cependant d'une effectivité très limitée, aussi bien du fait des lacunes des documents officiels de planification que des capacités de mise en application des gouvernements. L'existant est par ailleurs le principal problème d'un point de vue quantitatif, avec d'importants secteurs urbanisés dans des zones exposées et une vulnérabilité structurelle généralisée des édifices, particulièrement critique dans les quartiers populaires. Les ouvrages de protection sont pourtant la solution privilégiée, permettant une résolution ponctuelle des problèmes mais entretenant des logiques perverses : les murs de contention permettent d'accéder à de nouveaux terrains urbanisables et l'absence d'entretien des ouvrages peut provoquer de nouvelles catastrophes.

Face à ces limites reconnues à Lima et de façon globale (Pigeon, 2005), on observe un glissement des priorités de la gestion des risques à la gestion de crises : le preparedness s'impose comme une question de survie. L'objectif est la recherche de la plus grande résilience des sociétés : on se prépare et on s'adapte face à des catastrophes qui surviendront inévitablement, sans remettre en question les processus qui en sont à l'origine. Ce champ d'action reprend à son compte la « culture du risque » et la logistique des secours, assorti d'un renforcement des capacités locales, à l'échelle de l'individu, de la famille, de la communauté ou des autorités locales, et promu par la bibliographie internationale en particulier anglo-saxonne (GNCSOD, 2009). Ce glissement est d'autant plus facilement accepté que la gestion des risques en termes de prévention et de protection, même limitée à la conception aléacentrée, implique des choix politiques au sens de compromis et des investissements beaucoup plus importants : ouvrages, relogements, expropriations, gel de terrains exposés aux aléas, etc. Or, comme le souligne F. Mancebo (2006), la prévention coûte au politique (sur le plan financier comme de l'acceptation) mais ne rapporte rien, au moins à court terme. À l'inverse, la préparation à la gestion de crise coûte moins cher pour un bénéfice direct.

Ces approches font l'objet d'une double limite. Les solutions tendent d'abord à être circonscrites dans les zones exposées aux aléas. Elles se restreignent ensuite à l'échelon local, sans parvenir à prendre en compte les champs du politique et du social. On observe au final une surdétermination des causes (des fautes) et des problèmes à résoudre. Face à l'aléa, il faut du zonage et des ouvrages. Face à la mauvaise perception ou à l'ignorance des groupes vulnérables, il faut renforcer la résilience, l'apprentissage et le renforcement des capacités de la population, légitimant ainsi le retrait des pouvoirs publics. Le constat d'une connaissance locale de l'aléa n'a pas remis en cause cette approche, mais l'a au contraire renforcée : les savoirs vernaculaires sont mobilisés pour renforcer les capacités locales, et servent de « bonnes pratiques » à l'échelle internationale. On passe de la vulnérabilité à la résilience : de la victimisation à une forme « d'héroïsation » (Revet, 2011a). À l'inverse, les vulnérabilités structurelles, même si elles sont parfois identifiées, ne sont pas cibles d'intervention : les politiques sociales, comme la politique du logement par exemple, sont dissociées du champ des risques. Cette gestion « officielle » des risques et des crises, portée par des spécialistes du risque (INDECI, ONG, organismes internationaux, consultants), fonctionne en cercle fermé et apparaît déconnectée d'autres problématiques urbaines.

2. Les risques instrumentalisés

À cette première lecture de la gestion des risques et des crises, nous proposons d'accoler un autre registre d'action, porté cette fois par les gestionnaires de l'urbain qui mobilisent et/ou instrumentalisent la thématique du risque. Nous analyserons des projets d'aménagements et d'interventions dans les quartiers populaires de Lima, en abordant aussi les enjeux politiques et institutionnels à d'autres échelles, afin d'identifier les intérêts sous-jacents d'une utilisation plus ou moins directe et explicite des risques.

2.1. Des escaliers de la Solidaridad à Barrio Mio

Les interventions et habilitations des quartiers populaires de la capitale – emblématiques et stigmatisés – recouvrent un ensemble d'action et de politiques où la question des risques apparaît fréquemment. Environ trois millions de personnes résident sur les versants des cerros de Lima. Depuis les cerros San Cosme et San Cristobal occupés dans les années 50, aux périphéries de plus en plus éloignées, objets de trafics de terres et d'invasions illégales actuelles, l'urbanisation des cerros représente un défi pour la gestion urbaine. Défi en termes de risques au vu des constructions précaires sur des pentes parfois fortes, mais aussi défi en termes d'accès et d'équipements en services de base.

Luis Castañeda, maire de 2003 à 2010, initie un programme d'escaliers « de la Solidaridad », nom de son parti politique (Solidaridad Nacional), avec l'objectif d'améliorer les conditions d'accessibilité des quartiers sur les versants. En 2010, plus de 3 000 escaliers ont été construits par la Municipalidad métropolitaine de Lima : « una idea sencilla que, sin embargo, a nadie se le había ocurrido, y que ha revolucionado la calidad de vida de esas poblaciones »[3]. Ce programme devient l'image de marque du mandat du maire, qui en tire une grande popularité. Le risque est alors absent de l'argumentaire. Il est introduit par Susana Villarán, élue en 2010, qui poursuit la politique de son prédécesseur en la transformant. Elle lance un programme d'intervention intitulé « Barrio Mio » (Mon quartier), promouvant une approche intégrale. L'objectif affiché est d'offrir une meilleure qualité de vie dans les quartiers pauvres en améliorant l'accessibilité, les infrastructures, l'accès aux services de base et les logements, et en renforçant les organisations de quartiers. Un des principaux axes d'intervention concerne la réduction des risques sur les versants

3. « Une idée simple que, cependant, personne n'a eue, et qui a révolutionné la qualité de vie de ces populations », http://solidaridadnacional.pe/obras-de-luis-castaneda-lossio/.

(Plan de mitigación de Riesgo en Laderas) et prévoit la construction d'infrastructures spécifiques : des murs de soutènement et des escaliers, ainsi que des formations de préparation à la gestion de crise (évacuation, premiers secours, etc.). Ce programme s'appuie sur deux arguments : l'urgence d'intervenir dans les zones à risques (pour des raisons de sécurité) et limiter l'expansion de l'urbanisation informelle et le trafic de terre par l'appropriation des frontières par les habitants des quartiers. De façon annexe, le programme aide à la formalisation de la propriété, bien que cet objectif ne soit pas explicite ni affiché officiellement. En parallèle, d'autres interventions sont réalisées : « Adopta un Árbol » (adopte un arbre), « Recuperación de Espacios Públicos » (récupération d'espaces publics), « Salvadores de tu Ciudad » (sauveurs de ta ville, qui promeut des activités culturelles et artistiques) y « Escuela Barrio Mío » (École Barrio Mio, qui propose des formations aux dirigeants de quartiers).

Si l'argument général du programme est d'intervenir dans les quartiers pauvres et marginaux, le « risque » joue un rôle clé dans les choix des lieux d'intervention. Plus qu'une mesure objective, le risque qui est considéré ici est le résultat de deux critères, l'un social – une situation de pauvreté –, l'autre physique – la pente. Barrio Mio intervient donc exclusivement dans les quartiers pauvres sur les versants de cerros liméniens (bien qu'il existe des quartiers pauvres ailleurs). Le projet est initié dans trois zones-pilote parmi les quartiers populaires emblématiques de la capitale : Huaycan à Ate, Collique à Comas et Oasis à Villa El Salvador. Il se généralise ensuite avec l'identification de 17 puis 41 secteurs d'interventions potentiels, au fur et à mesure que s'institutionnalise et se renforce le programme. Tous les secteurs potentiels d'interventions sont des quartiers populaires occupant des flancs de cerros, plaçant le risque, et par là même la construction d'escaliers et de murs de contention, comme éléments centraux du programme.

Le programme Barrio Mio présente ainsi deux niveaux d'intervention. Sur le terrain, il s'inscrit dans la logique classique d'intervention en termes de gestion des risques. À un autre niveau, il propose de résoudre des problèmes d'ordre structurel (Labarthe et Rodriguez, 2010) : l'absence de confiance entre l'autorité publique et les habitants mais aussi la fragmentation et la désarticulation des interventions favorisant la compétition entre quartiers pour accéder aux ressources et le clientélisme. En effet, les escaliers de la Solidaridad et le programme *Barrio Mio* s'ajoutent à d'autres initiatives tantôt nationales (*Banco de Materiales* portée par le ministère du Logement[4]), tantôt locales[5]. La multiplicité des projets, si elle reflète de réels besoins, s'accompagne d'un flou général sur les logiques et priorités d'interventions de chaque institution. En résulte un certain mitage, voire des déconnexions flagrantes, suivant des logiques arbitraires, opportunistes et clientélistes, répondant à qui revendique le plus fort ou qui peut accéder aux arènes de décision (Robert et Metzger, 2016). Les enjeux politiques et électoraux de ces interventions sont rendus clairement visibles par l'affichage institutionnel via des pancartes, des écriteaux, la couleur de peinture, des statues ou petits monuments qui parsèment la ville.

Ces interventions dépassent donc largement les problèmes de risques et renvoient à la gestion urbaine. De fait, la mise en place et le champ d'action effectif de ces projets mettent aussi en évidence les limites des moyens des gouvernements locaux, notamment en termes de compétences concernant les services urbains et la formalisation de la propriété.

2.2. Gestion des risques ou gestion urbaine

Les interventions dans les quartiers occupant les versants posent la question de l'informalité. L'absence de titre de propriété est en effet un obstacle pour l'installation d'équipements urbains, en particulier pour les services d'eau et d'assainissement. Si une majorité de quartiers ont fait l'objet d'un processus de régularisation à partir des années 1990, les cas d'informalité de la propriété sont encore nombreux et le processus d'expan-

4. L'initiative du Banco de Materiales consiste à fournir du matériel à des organisations de voisins, parfois une supervision technique, en échange de la main-d'œuvre qui est apportée par les habitants.

5. Par exemple, le projet « Mano a la obra » (la main à l'ouvrage) lancé en 2013 par la municipalité du Rímac qui suit la même logique que l'initiative de Banco de Materiales.

sion urbaine dans des zones considérées inconstructibles se poursuit encore actuellement.

D'un point de vue légal, la loi stipule que toute urbanisation réalisée sans autorisation après 2004 ne pourra en aucun cas être régularisée. Le processus de régularisation concerne donc, a priori, les quartiers installés avant 2004. Ces quartiers sont dans l'obligation de faire réaliser une évaluation de risque par les services de protection civile. Elle s'accompagne de recommandations, en général la réalisation d'ouvrages de protection, qui doivent être mises en œuvre afin de poursuivre la procédure. En cas de risques trop élevés, les évaluateurs peuvent poser leur veto, préconisant alors le relogement des populations. Les interventions de type Barrio Mio, en réalisant les ouvrages qui conditionnent la régularisation, peuvent ainsi constituer un appui majeur pour les organisations de quartiers.

Pour les quartiers installés après 2004, la règle fixée par la loi peut être contournée par la délivrance d'une « constancia de posesión », procédure légale à disposition des gouvernements locaux qui permet la reconnaissance des quartiers. Ce document permet en effet de réaliser les démarches pour l'obtention des services de bases (électricité, eau et assainissement) auprès des entreprises prestataires. Cette intervention, négociée entre le gouvernement local et organisations sociales, permet l'insertion de quartiers jusqu'alors informels dans l'urbanisation formelle en voie de consolidation, contournant les règles de la propriété dictées au niveau national. Réglementée dans la loi de formalisation de la propriété informelle[6], la constancia de posesión permet des arrangements dominés par des relations interpersonnelles et clientélistes au niveau local.

Dans ce contexte complexe et face à la diversité des situations, le risque est un critère déterminant de l'action publique, et se trouve mobilisé de différentes façons. L'argument du risque permet d'abord aux municipalités de s'opposer et de rejeter frontalement de nouvelles urbanisations installées avant ou après 2004,

6. Ley 28687 de desarrollo y complementaria de formalización de la propiedad informal, acceso al suelo y dotación de servicios básicos, 15 mars 2006.

au motif de leur illégalité. Ce rejet suit une argumentation technique. L'évaluation des risques dans le cadre du processus de formalisation de la propriété est réalisée par les services de la protection civile, depuis peu décentralisée au niveau des municipalités de district. Cette évaluation des risques est cependant très aléatoire. Les critères d'évaluation du niveau de risque sont flous et les équipes municipales sont rarement en mesure de faire les inspections et contrôles nécessaires (stabilité du sol, etc.)[7]. Par ailleurs, une des variables étant la vulnérabilité des constructions et de la population, les quartiers pauvres sont classés automatiquement comme « non urbanisables », puisqu'ils apparaissent systématiquement à risque élevé. Cet objectif de contrôle des « invasions » est aussi présent dans les discours de certaines organisations de quartiers formalisées ou en cours de formalisation. Les nouveaux quartiers prenant place au-dessus de quartiers existants sont alors accusés de générer des problèmes en aval en saturant l'évacuation des égouts ou de provoquer des chutes de pierre. De fortes oppositions sont aussi observables lorsque les nouvelles occupations sont susceptibles de paralyser des projets d'extension du réseau d'eau. En effet, un projet peut être rendu caduc suite à l'augmentation excessive de la population par rapport aux estimations initiales de bénéficiaires ou par l'occupation des espaces prévus pour les réservoirs et les canalisations. Pour les autorités, le risque devient alors un argument (malléable) pour le contrôle de l'urbanisation informelle, mais aussi un instrument de contrôle social. Les zones à préserver des invasions sont qualifiées à risque ou de protection paysagère ; des murs de soutènement sont proposés comme délimitation de la zone urbaine ; des opérations policières sont justifiées pour déloger des « invasions » malvenues.

À l'inverse, les risques sont parfois « oubliés ». L'absence d'un suivi détaillé des nouvelles urbanisations et d'un cadastre officiel et actualisé permet une certaine marge de manœuvre. La lâcheté de la procédure et de son suivi ouvre la voie à des contourne-

7. Les services de la protection civile des gouvernements locaux ne disposent généralement pas de professionnels ayant les compétences pour ce type d'évaluation (ni de temps pour réaliser ces études).

ments négociés de la norme. Il est fréquent que l'administration locale accorde des constancias, même après 2004, en considérant par exemple les nouvelles urbanisations comme des extensions (ampliaciones) de quartiers existants. Institutionnalisant la ville informelle, omettant alors les études de risques, elle permet la consolidation de l'urbanisation dans des zones a priori inconstructibles ou dont l'occupation est informelle voire illégale, en contradiction avec les règles nationales.

Enfin, le risque est mobilisé comme argument de « négociation ». Les organisations de quartiers le mettent en avant pour solliciter des interventions aux autorités. Elles insistent sur le caractère urgent et vital de la situation à risque pour demander la construction d'escaliers et de murs de soutènement. Ces ouvrages représentent par ailleurs des prérequis, aussi bien pour la formalisation du quartier et l'obtention des titres de propriétés, que pour la réalisation d'extension ou d'amélioration du réseau d'eau et d'égouts, hors du champ de compétence des autorités municipales. En effet, en plus de la constancia de posesión, l'habilitation et la stabilisation des terrains peut être sollicitée par l'entreprise prestataire de service aux habitants comme condition pour intervenir. Paradoxalement, c'est le risque qui, utilisé comme moyen de pression, permet d'accélérer l'habilitation des quartiers.

Le risque est aussi mobilisé par les gouvernements locaux afin d'accéder à des financements. Dans le cadre de la politique nationale de gestion des risques de désastres de 2012 (PCM, 2014), le risque fait l'objet d'une ligne budgétaire spécifique du ministère de l'Économie et des Finances permettant aux gouvernements locaux d'accéder à des fonds additionnels. C'est aussi un thème porteur auprès des bailleurs et organismes internationaux. L'orientation des discours sur la question des risques, à l'image du district du Rímac qui participe à la campagne des « Villes résilientes » de l'UNISDR, permet aux autorités locales d'obtenir un appui financier afin de renforcer leur présence dans les quartiers populaires.

Derrière les ouvrages pour la gestion des risques et son affichage formel, il existe donc un ensemble d'enjeux politiques et de stratégies d'actions. Le risque est mobilisé selon différentes logiques, depuis l'instrumentalisation opportuniste ou clientéliste au contrôle social et territorial. La simplicité de la justification technique contraste avec les objectifs et les défis de la gestion urbaine dominée par des logiques complexes, souvent informelles, éminemment politiques.

2.3. Gestion des risques ou nouvelle orientation des politiques publiques

La relation entrecroisée et intrinsèquement politique de la gestion des risques avec la gestion urbaine s'observe aussi entre la gestion des risques et les orientations des politiques publiques nationales. À ce niveau, l'instrumentalisation des risques intervient dans un contexte où la thématique acquiert une place majeure au niveau national, renforcé par l'international.

Une réforme du système institutionnel de la protection civile, initiée suite au séisme de 2007, s'est récemment concrétisée en 2010. Cette réforme entraîne la séparation de la prévention des risques (prospective) et la préparation à la gestion de crise (réactive). L'INDECI, avant responsable de l'ensemble du secteur, voit son champ d'intervention restreint à la partie réactive. La coordination passe au niveau du conseil des ministres et un nouvel organisme est chargé de la dimension prospective. La mise en place du nouveau système a fait l'objet d'une bataille de pouvoir et de confrontations sur la façon de faire la gestion publique (Rojas García, 2014). Prenant les devants, l'INDECI, institution traditionnelle dirigée par les militaires dont la légitimité et l'efficacité sont questionnées suite à Pisco, avait d'abord proposé une réforme en interne. Cependant, c'est une autre option, portée par les autorités politiques à travers le Premier ministre et le ministère de l'Économie et des Finances (MEF), qui est privilégiée. Jusqu'alors peu impliqué dans la gestion des risques, le MEF est cependant intéressé par plusieurs aspects : d'abord parce qu'il fournit les fonds pour pallier les situations d'urgence récurrentes sollicités par les gouvernements régionaux et locaux. Ensuite, parce que la réforme représente une opportunité d'impulser le secteur de l'assurance dans la gestion de projets d'infrastructures et de façon générale au Pérou. Enfin, parce que cela rentre dans une stratégie plus globale de modernisation des politiques publiques et de la gestion de l'État, dans une logique de New Public Management. Sur ces deux derniers points, le MEF trouve un allié à travers le BID qui offre l'appui de ses experts en même temps que des engagements financiers. Le MEF porte et fait passer ses propres termes de la réforme, contre l'INDECI, et impulse ainsi une nouvelle façon de faire la gestion des risques.

Les raisons techniques et le changement de paradigme de la Gestion des risques de désastres (GRD) impulsé depuis l'international ne suffisent pas à expliquer cette réforme, encore moins la séparation de la préparation et de la prévention. De fait, les changements ne sont pas « thématiques » : les politiques de gestion des risques, proactives ou réactives, restent sectorielles et focalisées sur la menace, malgré l'insertion de nouvelles terminologies (GRD, résilience, etc.). Des programmes spécifiques sont créés, en parallèle à d'autres secteurs d'intervention, pour la « réduction de la vulnérabilité et la réponse aux urgences en cas de désastres » et les bénéficiaires sont les « populations exposées aux aléas d'origine naturelle, priorisant les inondations, les basses températures, les glissements de terrain, les séismes et les éruptions volcaniques ». Des changements importants sont par contre observables dans les modalités de gestion et des financements, notamment avec l'instauration d'un système de budgets par résultats.

Cette réforme, qui touche finalement peu les problèmes structurels de la gestion des risques, met en lumière l'importance de l'échelon et des politiques nationales, ainsi que d'autres déterminants sous-jacents des politiques de gestion de risques. Si elle permet d'inciter les gouvernements locaux à se saisir du thème du risque, elle ne remet pas en cause les pratiques antérieures – les approches techniques aléacentrées et le preparedness restent la priorité – mais tend au contraire à les renforcer. D'abord par le morcellement et la spécialisation de la gestion, ensuite en imposant une gestion en fonction des financements disponibles et d'objectifs fixés au niveau central, dans une logique de résultat à court terme incompatible avec la réalité des problèmes urbains.

3. Saisir l'imbrication des problèmes : une lecture critique

> Ce sont bien deux perspectives qui s'opposent : celle qui consiste à privilégier le sauvetage des vies au moment de l'événement et celle qui insiste sur les transformations profondes à opérer en dehors de l'événement lui-même. Et ces deux perspectives renvoient à des institutions, des compétences et des façons de penser les situations très différentes (Revet, 2011b, p. 172).

La tension entre la logique des secours et celle de la prévention des risques soulignée par Sandrine Revet se retrouve à Lima où la prévention des risques est définitivement technique et aléacentrée, et que s'imposent progressivement les logiques du preparedness. À ces deux champs, nous proposons d'en associer un troisième : celui de la gestion urbaine et de la gestion publique. Le décalage entre ces champs révèle la pluralité des modes d'interprétation, mais aussi des groupes d'acteurs aux préoccupations différentes.

Prendre conscience de cette « architecture » de champs nous semble un élément-clé dans le développement d'une réflexion sur la vulnérabilité urbaine, comme construit social, dans toutes ses dimensions territoriales et politiques. Elle permet de faire le lien entre « gestion des risques et des crises » et « gestion urbaine », avec un double objectif. D'un côté, saisir les dynamiques sociales et politiques sous-jacentes aux situations de vulnérabilité permet de porter un regard critique et distancié sur la gestion des risques et des crises. D'un autre côté, l'entrée par les risques et les crises – à condition de dépasser les carcans dans lesquels ils sont communément enfermés – permet d'apporter un regard original sur les phénomènes urbains. À l'image de la catastrophe qui exacerbe des vulnérabilités héritées (Lagadec, 1991), ils constituent un objet d'étude particulier, révélateur des processus et des changements sociaux.

Le séisme ne peut donc pas porter toute la responsabilité. Repenser la gestion des risques et des crises impose une reformulation des problèmes qui pose la construction des vulnérabilités à partir des dynamiques urbaines. L'approche propose ainsi de se départir de l'aléa et du local, de penser les logiques urbaines et politiques (cas Barrio Mio) qui orientent, voire instrumentalisent la gestion des risques et des crises, et de les replacer dans le contexte des logiques institutionnelles (réforme de la protection civile). L'analyse des vulnérabilités renvoie en effet à des évolutions sociales, au-delà des spécificités métropolitaines, tout comme elle relève d'interactions entre les différentes échelles. Aussi, ce qui est observable à l'échelle locale ne peut être compris qu'en relation au contexte métropolitain et global, au regard des politiques et forçages nationaux et internationaux. En retour, les dynamiques locales influent sur les politiques publiques et contribuent à produire le territoire métropolitain.

La question politique est donc au cœur des processus de construction de la vulnérabilité. Repolitiser la préparation à la gestion des risques et des crises, pour les saisir comme un construit social et territorial, réoriente les questionnements sur les modalités de gestion, de gouvernement et de régulations des risques et de la ville. Contre un « totalitarisme de la prévention des risques », caractérisé par une gestion top-down, technocratiques et technicistes, fondées sur la science et les experts (Beck, 2001), il s'agit alors de s'interroger sur un nouveau contexte territorial et de gouvernance, avec un État en mutation, la redistribution des compétences et des mécanismes de contrôle, une participation citoyenne certes renforcée, mais aussi une responsabilisation accrue de l'individu. Et dans ce contexte se pose non seulement la question de la coévolution du risque et des territoires (November, 2002, Pigeon, 2007) mais aussi de la vulnérabilité comme produit de la construction des territoires et des sociétés.

BIBLIOGRAPHIE

Abad C., 2009, Huaycos en 1987 en el distrito de Lurigancho-Chosica (Lima-Perú), in D'Ercole R., Hardy S., Metzger P., Robert J. (Eds.), *Bulletin de l'IFEA*, Vulnerabilidades urbanas en los países andinos (Bolivia, Ecuador, Perú), tome 38, n. 3, pp. 475-586.

Beck U., 2001, *La société du risque,* (1re édition : 1986), Aubier (Alto), 528 p.

Degg M.R., Chester D.K., 2010, Seismic and volcanic hazards in Peru: changing attitudes to disaster mitigation, *Geographical Journal*, 21 p.

D'Ercole R., Metzger P., Robert J., Hardy S., Gluski P., Vernier, P., Sierra A., Perfettini H., Guillier B., 2011, *Recursos de respuesta inmediata y de recuperación temprana ante la ocurrencia de un sismo y/o tsunami en Lima Metropolitana y Callao* – Estudio SIRAD, Proyecto Preparación ante desastre sísmico y/o tsunami y recuperación temprana en Lima y Callao, Lima, ECHO / PNUD / INDECI / COOPI / IRD, 184 p.

GNCSODR, 2009, *Clouds but Little rain...- Views from the frontline : A Local Perspective of Progress towards Implementation of the Hyogo Framework for Action*. Teddington : Global Network of Civil Society Organizations for Disaster Reduction.

Labarthe, Rodriguez, 2010, Barrio Mío – La Política Urbana como objetivo, Short Case Study, Lagadec P., 1991, *La Gestion des Crises. Outils de réflexion à l'usage des décideurs*, Paris, McGraw Hill – Ediscience, 300 p.

Lagadec P., 2003, La recherche confrontée à la question des crises, In Claude Gilbert (dir.), *Risques collectifs et situations de crise. Apports de la recherche en sciences humaines et sociales*, Paris, L'Harmattan, coll. « Risques collectifs et situations de crise », pp. 297-316.

Mancebo F., 2006, Katrina et la Nouvelle-Orléans : entre risque « naturel » et aménagement par l'absurde, *Cybergeo*, Aménagement, Urbanisme, article 353, http://www.cybergeo.eu/index90.html.

Metzger P., Robert J., 2015, Environnement et risques : les sciences sociales piégées entre critique radicale et utilité sociale, in Clerval A., Fleury A., Rebotier J., Weber S. *(dir.) Espace et rapports de domination*, Presses universitaires de Rennes, pp. 69-80.

November V., 2002, *Les territoires du risque : le risque comme objet de réflexion géographique,* Bern, Peter Lang.

PCM, 2014, Mecanismos de financiamiento para el Sistema Nacional de Gestión del Riesgo de Desastres (SINAGERD), Presidencia del Consejo de Ministros, ECHO, CARE Perú, Lima, Perú, septiembre 2014, 24 p.

Pigeon P., 2005, *Géographie critique des risques*, Economica-Anthropos, Paris, 218 p.

Pigeon P., 2007, *L'environnement au défi de l'urbanisation*, Presses universitaires de Rennes, 189 p.

PREDES, 2009, Diseño de escenario sobre el impacto de un sismo de gran magnitud en Lima Metropolitana y Callao, Lima : INDECI, COSUDE, 95 p.

Revet S., 2011a, Injonctions contradictoires. La gestion internationale des catastrophes naturelles : entre vulnérabilité et résilience, Compte rendu de conférence, Séminaire ENS, février 2011, http://www.geographie.ens.fr/Compte-rendus-de-seances-2010-2011.html?lang=fr.

Revet S., 2011b, Penser et affronter les désastres : un panorama des recherches en sciences sociales et des politiques internationales, *Critique internationale*, 2011/3 n. 52, pp. 157-173.

Robert J., Sierra A., 2009, Construcción y refuerzo de la vulnerabilidad en dos espacios marginales de Lima. *Bulletin de* l'IFEA, tome 38, n. 3 : pp. 595-623.

Robert J., 2012, *Pour une géographie de la gestion de crise : de l'accessibilité aux soins d'urgence à la vulnérabilité du territoire à Lima*, thèse de géographie de l'Université de Grenoble, 555 p., http://tel.archives-ouvertes.fr/tel-00766252.

Robert J., Metzger P., 2016, Les coulisses du pouvoir local : stratégies d'autonomie et pratiques informelles dans la municipalité du Rímac (Lima), *L'Espace Politique :*, http://espacepolitique.revues.org/3896. 29, 2016-2.

Rojas García, 2014, "El que no arriesga, no gana" El caso del establecimiento de agenda de la política nacional de gestión de riesgo de desastres en el Perú (2007-2011), tesis licenciatura, PUCP, 120 p.

Sierra A., Robert J., Durand M., Abad C., 2009, Experiencias de gestión de los riesgos en Lima : actores y territorios urbanos. *Bulletin de l'*IFEA, tome 38, n. 3 : pp. 777-799.

Sierra A., 2009, Espaces à risque et marges : méthodes d'approche des vulnérabilités urbaines à Lima et Quito, *Cybergeo : European Journal of Geography*, http://cybergeo.revues.org/22232.

La gestion des risques à la croisée des chemins en Équateur Regards sur la tension entre autonomie et dépendance

9

Julien **Rebotier**

Depuis plus de trois décennies, l'Amérique latine contribue grandement aux études sur les risques et à leur gestion, et ce à trois titres au moins.

Parmi la littérature scientifique, les contributions à la recherche depuis les sciences sociales et les problématiques de développement ont donné de la consistance à une approche par la construction sociale des risques (García-Acosta, 2005). Le groupe LA RED (Réseau d'études sociales pour la prévention des désastres en Amérique latine[8]) y contribue par exemple depuis le début des années 1980 à travers de nombreuses publications (Maskrey, 1993), ou encore via le soutien à la constitution et à l'alimentation d'une base de données (DesInventar[9]) en coopération avec la corporation OSSO et l'UNISDR, l'agence des Nations unies en charge de la réduction des risques de désastres. La base DesInventar met surtout en avant les petits désastres, très liés aux conditions de vie précaires, et relativement très dommageables (López-Peláez et Pigeon, 2011), alors même que ces petits désastres échappent aux critères d'autres bases de données qui font également référence à l'échelle globale (comme par exemple la base EM-DAT[10]).

8. http://www.desenredando.org/ .
9. http://www.desinventar.org/ .
10. http://www.emdat.be/database .

En termes de gestion des risques, l'Amérique latine a connu une vague d'initiatives continentales qui a notamment fait suite aux dommages causés par l'épisode du Niño de 1997 et 1998. Les présidents des pays de la Communauté andine des nations se réunissent en 2000 à Caracas pour lancer le programme PREANDINO destiné à mettre sur pied et institutionnaliser des organismes nationaux de gestion des risques (et non plus seulement d'administration de désastres, ou de gestion de crises). Le programme régional PREDECAN lui succède, entre 2005 et 2009, dans le but d'améliorer les politiques publiques de gestion des risques, et de renforcer les capacités institutionnelles des organismes nationaux fraîchement créés (Lavell, 2006). Idéalement, ces initiatives régionales visent à peser sur le contenu des politiques, sur la conception des risques (et de leur gestion) qui fait autorité, et sur l'attribution conditionnée des fonds publics qui va dans le sens de la réduction des vulnérabilités (Lavell, 1996). L'expérience équatorienne dans laquelle s'inscrit le cas d'étude dont ce texte fait l'objet est à replacer dans cette tendance régionale à l'institutionnalisation de la gestion des risques.

Mais la contribution des réflexions sur les risques marquées par le contexte latino-américain trouvent également un écho à l'échelle globale, dans les institutions internationales et les agences des Nations unies en charge de la gestion des risques et de la réduction des désastres. Les années 1990 ont été déclarées Décennie internationale pour la prévention des catastrophes naturelles, suite à quoi a été créée l'UNISDR. L'Amérique latine figure en bonne place dans la définition et la promotion de la stratégie de réduction des désastres alors que certaines personnalités de la recherche (notamment du groupe LA RED) ont migré vers le milieu institutionnel des Nations unies, assurant une filiation entre les approches des risques ancrées dans les questions de développement et la voix portée par ces institutions (c'est notamment le cas d'Andrew Maskrey, ou de Allan Lavell, lauréat du prix Sasakawa[11] en 2015).

11. Le prix Sasakawa pour la réduction des risques de catastrophe est remis par l'UNISDR et distingue des individus, associations ou institutions qui se sont illustrés de façon particulièrement significative dans le domaine.

En ce sens, un des messages les plus significatifs de la contribution de l'Amérique latine aux études sur les risques est sans doute de ne pas séparer les risques et leur gestion de variables sociales, politiques, institutionnelles ou économiques plus générales. La lutte contre la fragmentation et la spécialisation de la recherche (spécialisation qui, souvent d'ordre technique, ne peut compenser la perte de vision d'ensemble ni la compréhension nécessaire, bien au-delà de l'évidence du désastre) constitue dans ce cadre un argument en faveur de l'ouverture de la réflexion, de l'intégration des savoirs et des compétences, ainsi que de la promotion de l'interdisciplinarité.

La réflexion proposée sur l'Équateur consiste en une forme d'économie politique de la politique nationale de gestion des risques qui est mise en place depuis 2008. Il s'agit de se pencher sur la façon dont cette politique nationale est redéfinie et mise en place au regard d'un certain ordre politique et institutionnel, mais aussi de rapports de forces changeants dans un contexte de recomposition de l'État et de la puissance publique.

L'hypothèse est faite que l'économie politique de la politique nationale de gestion des risques en Équateur est conditionnée par la nature de la coopération internationale, ainsi que par des rapports de force politiques et institutionnels internes au pays. La gestion des risques à l'échelle nationale serait ainsi tributaire de ces deux éléments, dont les implications se feraient également sentir à plus grande échelle, localement.

Pour mener à bien cette réflexion, et éprouver l'hypothèse avancée, nous nous penchons sur le processus de mise en place de la politique nationale de gestion des risques à l'épreuve de la tension entre autonomie et dépendance, très présente dans le domaine des politiques de risque, et qui traverse également le processus de recomposition de l'État. Les interprétations proposées reposent sur des entretiens de responsables publics de la gestion des risques (à l'échelle nationale mais aussi à celle des gouvernements locaux) menés en 2014, sur une enquête portant sur les initiatives de coopération internationale pour la gestion des risques qui concerne environ un tiers des 221 municipes du pays (les gouvernements autonomes décentralisés municipaux – GADM) réalisée entre septembre 2014 et janvier 2015, ainsi que sur la révision des littératures grises et scientifiques qui concernent le cas équatorien.

La première partie permet de préciser des éléments de cadrage qui ont trait à la recomposition de l'État, à la politique nationale de gestion de risques et à la coopération internationale en Équateur dans les termes de la tension entre autonomie et dépendance. La deuxième partie est centrée sur les liens entre État équatorien et coopération internationale dans le domaine de la gestion des risques. Ces liens difficiles introduisent à la dernière partie où se trouvent développés les principaux points d'achoppement d'ordre politique et institutionnel qui se dégagent du processus de mise en place d'une politique nationale de gestion des risques dans le pays.

1. Cadre de l'initiative nationale sur la gestion des risques en Équateur

La politique nationale de gestion des risques en Équateur est mise en place dans un double contexte de recomposition des pouvoirs publics et de forte présence du secteur de la coopération internationale. Si la présence de ce dernier paraît nécessaire au regard de l'épisode de consolidation des institutions publiques du pays, il n'en demeure pas moins que règne une compétition dans les objectifs, les méthodes et les agendas de travail, entre les intérêts des différents secteurs en place.

1.1. Après l'instabilité, le retour de l'État depuis le milieu des années 2000

L'Équateur n'échappe pas au virage libéral qui marque le continent en réponse à la crise de la dette des années 1980. Les crises économique et sociale persistent durant la décennie suivante et s'intensifient même à la fin des années 1990. Les revenus annuels *per capita* passent de 2 000 $ à 1 300 $ entre 1998 et 1999. Le taux de pauvreté passe de 40 % en 1995 à 52 % en 2000. C'est le moment où un demi-million de personnes quitte le pays (Uharte Pozas,

2013). La détresse économique et sociale se conjugue, sur la période, à une forte instabilité et à une crise de la représentation politique. Concernant les épisodes les plus récents, l'élection de Lucio Gutiérrez à la présidence en 2003 ne débouche pas sur une rupture avec l'ordre de l'austérité ni avec celui de la domination libérale qui régnaient jusqu'alors. Le Président doit fuir son poste en 2005, sous la pression populaire. Une nouvelle coalition de partis et mouvements sociaux (la plateforme PAIS), fort disparate, porte la candidature de Rafael Correa à la présidence de la République durant les élections générales de 2006, avec le mandat de défendre la souveraineté nationale, l'anti-impérialisme, et des politiques progressistes, ainsi que d'enclencher la refondation de l'État. Si Rafael Correa est élu en 2006, la plateforme PAIS n'envoie pas de députés à l'Assemblée nationale. Une assemblée constituante est convoquée en 2007, donnant lieu à une nouvelle constitution et adoptée en 2008. Il s'agit du processus politique plus connu sous le nom de la Révolution citoyenne. Les bouleversements constitutionnels portent notamment sur la récupération de la souveraineté économique et fiscale, sur le renforcement de l'État, et ouvrent la voie à une décentralisation progressive (Ramírez Gallegos, 2010). Ils ont aussi des implications pour la gestion des risques et pour la distribution des compétences dans ce domaine.

Durant ce processus, d'importantes recompositions politico-institutionnelles, le secteur de la coopération internationale intervient dans différents registres, tant au cours du processus politique que dans la mise en place du programme constitutionnel (comme c'est par exemple le cas pour le domaine de la gestion des risques). En vertu des principes d'affirmation de la souveraineté nationale, la coopération internationale est néanmoins subordonnée à la vigilance d'un organisme national, en charge de l'inventaire, de la coordination et du contrôle des initiatives de coopération. La SETECI (Secrétariat technique de coopération internationale) est l'organisme national habilité à valider les accords de coopération et attribuer les autorisations d'activité dans le pays, conformément aux objectifs édictés dans la constitution et dans le plan de développement de la nation. En pratique, l'État central est donc le garant de l'intérêt général, et porteur exclusif des grands choix collectifs pour le pays, au détriment d'intérêts particuliers (par exemple corporatistes, communautaires, ethniques, locaux ou encore régionaux). À travers cette nouvelle donne des prérogatives et des intérêts prioritaires, on sent déjà poindre une tension politique entre les échelles, centrale et locales, qui va se confirmer dans le domaine de la gestion des risques.

1.2. Les bases politico-institutionnelles de la politique nationale de gestion des risques

L'État met en place un système national décentralisé de gestion des risques à partir de 2008. Conformément aux articles 389 et 390 de la Constitution, et dans le cadre d'importants bouleversements politico-institutionnels (notamment le processus de décentralisation) la gestion des risques, mais aussi la protection des personnes, des biens et de la nature, constituent une prérogative de l'État.

La même année, un épisode important de précipitation s'est abattu sur les régions littorales du pays durant plusieurs mois, mettant largement à l'épreuve le tout jeune ministère du littoral, en charge de la gestion de crise et des premiers efforts d'institutionnalisation de la gestion des risques. La conjonction de ces conditions diverses dessine des débuts chaotiques pour l'établissement d'une structure nationale censée se substituer à un système de Défense civile en place depuis les années 1960, et essentiellement tourné vers la préparation aux désastres et la gestion de crise.

C'est d'abord un secrétariat technique de gestion des risques qui est créé, puis un secrétariat national de gestion des risques en 2009 (avec rang ministériel), avant de laisser place, fin 2014, à un Secrétariat de gestion des risques (SGR) dont les représentations déconcentrées ne concernent plus chacune des 24 provinces du pays (comme pour les ministères), mais seulement les 9 régions de planification. La structure nationale dont le nom change jusqu'à la SGR est en charge de l'élaboration, de la promotion et de la mise en place du Système national décentralisé de gestion des risques (SNDGR). C'est cette initiative qui s'inscrit dans la lignée des programmes régionaux mentionnés dans l'introduction (PREANDINO et PREDECAN), ainsi que dans les engagements internationaux de l'Équateur dans le domaine des risques (le cadre d'action de Hyogo jusqu'en 2015, et celui de Sendaï qui en prend la suite).

Là aussi, au travers de la mise en place du SNDGR et des transformations qu'a connues l'organisme national en charge de sa mise en place, on devine qu'il peut exister des tensions importantes entre d'une part l'agenda du pays conditionné par les objectifs constitutionnels de développement et de souveraineté nationale, et d'autre part l'agenda régional ou international qui sert de cadre parfois contraignant pour les politiques de gestion des risques.

1.3. La coopération internationale, en butte au contexte équatorien

La coopération internationale correspond ici aux initiatives de formation, de financement, de soutien ou d'accompagnement qui lient un organisme, une communauté ou une institution d'Équateur (à différentes échelles) et un prestataire étranger. Elle échappe généralement aux règles classiques du marché en ce sens qu'elle s'accompagne de la signature d'une convention, d'un protocole ou d'un accord, sous l'égide duquel s'exerce la prestation du service. Elle concerne des prestataires tels que les ONG (comme CARE, OXFAM, ou *Save the Children*), des agences nationales (comme JICA pour le Japon, GTZ pour l'Allemagne, ou l'AECID pour l'Espagne), ou encore des agences des Nations unies (comme le Programme des Nations unies pour le Développement, l'UNESCO – autour de l'éducation, de la science et de la culture –, ou le Programme alimentaire mondial).

Les accords de coopération sont validés par la SETECI qui établit la conformité des propositions de coopération au regard des objectifs de développement du pays, de ses faiblesses les plus notoires, et des secteurs qu'il faut consolider en priorité. Dans le domaine de la gestion des risques, l'assistance de la coopération internationale est une aide précieuse, alors que l'initiative nationale inédite du SNDGR est introduite en 2008 seulement. Tout est à construire, alors que la propre capacité institutionnelle du pays est mise à mal par la période de fortes recompositions, et que le réservoir de compétences disponibles est en cours de constitution. Cela étant, les objectifs nationaux d'un côté et ceux des différents acteurs et prestataires de la coopération internationale de l'autre ne sont pas nécessairement convergents. Ils peuvent même parfois s'avérer contradictoires (Rebotier, sous presse), tant en termes de contenu des initiatives de coopération (lorsqu'on met plutôt l'accent sur la gestion de crise, ou plutôt sur la planification et la gestion du territoire) qu'en termes d'échelle privilégiée d'intervention (lorsqu'il s'agit d'accompagner des brigades et des communautés, ou de consolider des institutions et des services publics collectifs). Derrière cette diversité, et parfois ces contradictions, de la gestion des risques, on trouve des positionnements politiques différents, des acteurs et groupes d'intérêts divergents, ainsi que des hiérarchies alternatives quant aux priorités à observer.

La politique nationale de gestion des risques ainsi que la mise en place du SNDGR n'échappent pas aux controverses ni aux débats qui sous-tendent le processus politico-institutionnels que connaît l'Équateur depuis le milieu des années 2000. Dans ce cadre, les rapports qu'entretiennent l'État et la coopération internationale reflètent les conditionnements politiques et institutionnels qui interviennent dans la mise en place de la gestion nationale des risques. Et c'est particulièrement au travers de la tension entre affirmation de l'autonomie de l'État et dépendance nécessaire aux services de la coopération internationale que l'on propose de revenir sur ces rapports ambigus.

2. Des rapports ambigus entre État et coopération internationale

Par l'intermédiaire de la SETECI, l'État équatorien peut formuler des attentes relativement précises à l'attention de la coopération internationale dans le domaine de la gestion des risques. Mais alors que les enjeux politico-institutionnels du pays télescopent sensiblement la formulation des attentes, l'hétérogénéité de la coopération internationale entretient une forme d'ambiguïté. En définitive, la gestion nationale des risques n'en ressort que moins robuste, et reflète cette ambiguïté.

2.1. Les recompositions de l'État pèsent sur la gestion des risques

Alors qu'on lit l'affirmation d'une autonomie et de la souveraineté nationale au travers de la mise en place de la SETECI, on retrouve ces mêmes objectifs dans le discours des agences et institutions de coopération internationale (comme c'est le cas de l'USAID qui se fixe pour mission de participer à l'autonomie du pays). Mais en dépit de ce but commun affiché, il est difficile de cerner les formes de la gestion nationale des risques qu'il s'agit d'accomplir. On expose ici trois exemples.

La réorganisation de l'organisme national en charge du SNDGR traduit par exemple les atermoiements stratégiques de l'État dans ce domaine. La représentation d'un secrétariat national dans chacune des provinces permettait de redoubler la déconcentration des principaux services de l'État. La représentation d'un simple secrétariat dans les 9 régions de planification du pays donne à la gestion de risque une tournure bien moins opérationnelle, moins proche des déclinaisons locales qu'implique la décentralisation dans chacun des 221 municipes du pays, mais une conception au contraire bien plus programmatique.

Ce retrait récent du territoire, en 2014, de la présence de l'État dans la gestion des risques se conjugue à la coexistence de trois sous-secrétariats au sein de l'organisme national en charge du SNDGR, et aux cultures sensiblement différentes. On compte ainsi un sous-secrétariat en charge de la gestion de l'information et de l'analyse des risques (centré sur l'aléa), un autre de la réduction des risques (également connu sous le nom de construction sociale), et un dernier de la préparation et de la réponse (centré sur la gestion de crise). À travers eux, on retrouve différentes approches des risques et de leur gestion. Il conviendrait de développer une sociologie des institutions pour savoir comment se nouent les rapports entre ces sous-secrétariats, et combien l'organisme national compte dans les choix de l'Exécutif, mais la substitution en 2015 d'une scientifique, docteure et professeure d'université en Équateur, par un militaire de la marine équatorienne à la tête du SGR laisse deviner les rapports de force du moment : plus de place à la réponse et à la crise qu'à la production de la connaissance pour envisager l'action.

Les tensions au sein de l'organisme national en charge du SNDGR se retrouvent à l'échelle de l'Exécutif national au moment d'établir (ou de mettre fin) aux accords de coopération. Fin 2013, le Président Correa a par exemple mis fin aux activités de l'OFDA, agence de l'USAID en charge de la préparation des désastres et présente dans le pays depuis 1989. Ce choix politique, qui va dans le sens de l'affirmation de la souveraineté nationale, est contradictoire lorsqu'il s'agit de réaliser l'autonomie du pays vers l'établissement du SNDGR, autonomie à laquelle l'OFDA contribuait pour partie. Mais ces atermoiements et contradictions trouvent leur pendant dans l'offre de services hétérogène de la coopération internationale.

2.2. La coopération internationale en Équateur, un secteur pluriel

Dans le seul domaine de la gestion des désastres, on trouve de très nombreux organismes, répertoriés par la SETECI. Figurent des ONG qui fonctionnent pour partie sur fonds propres (comme OXFAM ou CARE), mais surtout sur appels d'offres (nationaux et internationaux), ainsi que des agences de coopération qui s'illustrent par des interventions directes ou par des initiatives de financement, ou encore des agences internationales qui proposent du « béton » autant que de la formation par l'intermédiaire de prêts millionnaires (comme la Banque mondiale).

D'après les acteurs du secteur, la nature de la coopération évolue depuis 2008, en particulier de trois façons. Ils constatent la professionnalisation de l'activité. Ils relèvent également le passage du « hardware » de la coopération (bâtiment, ingénierie, contention de l'aléa) au « software » (promotion de la réflexion, de la formation et de la planification). Ils soulignent enfin le changement d'échelle des interlocuteurs équatoriens majoritaires, du national et des administrations centrales vers les pouvoirs publics locaux et les GADM.

Outre cette évolution de l'activité de coopération internationale, on peut relever une certaine hétérogénéité de l'offre de service dans la gestion des risques. On trouve d'abord de nombreuses initiatives d'entraînement, de préparation au désastre, d'amélioration de l'instrumentation et de la prévention des aléas. Il s'agit d'un triptyque sensibilisation – connaissance – formation qui laisse entendre que l'ignorance et le défaut de compétences des individus sont les premiers leviers qui expliquent les dommages des désastres. À côté de cela, on note l'attention apportée aux capacités de développement et de planification des institutions publiques (et notamment des services locaux en charge de nouvelles compétences de gestion territoriale du fait de la décentralisation). L'usage du sol, la distribution des autorisations d'occupation, la prise en compte des conditions de risque sont autant de nouvelles attributions des GADM qu'il convient de maîtriser. Différents organismes de coopération s'illustrent dans les unes, les autres, voire l'ensemble de ces activités dans la gestion des risques (Rebotier, 2016). Si elles ne sont pas incompatibles, ces activités illustrent néanmoins un dilemme qui traverse l'ensemble du secteur de la coopération, à savoir s'il convient de faire des réserves de fonds pour faire face à la catastrophe, ou s'il importe plutôt d'investir dans le développement et l'amélioration des compétences et des peuplements sur le territoire[12].

2.3. Principales dépendances et enjeux majeurs pour l'État

En définitive, la coopération internationale pour la gestion des risques interroge l'objectif de souveraineté et d'autonomie de l'État de trois façons. Elle est nécessaire au complément de compétences encore déficitaires à l'échelle nationale et surtout locale, du fait de la décentralisation récente. Elle introduit une concurrence dans la définition de l'agenda national des risques, qui s'avère largement fixé par un agenda international calqué sur les

12. Ce dilemme est notamment formalisé par le représentant de l'Agence européenne de coopération humanitaire (ECHO) – en charge des programmes DIPECHO – en Équateur.

grands rendez-vous internationaux que suit l'Équateur. Elle s'avère finalement indispensable du fait des possibilités de financement offertes (et d'autant plus que la dette extérieure du pays a augmenté récemment et que son autonomie financière est largement tributaire de son secteur primaire d'exportation).

Concernant les choix stratégiques de l'État, le défi qui consiste à choisir le type de politique nationale de gestion des risques en fonction des conceptions des risques privilégiées, pour quelles actions, et pour quels objectifs, reste entier. Ces questions qui introduisent la tension entre la réponse fonctionnelle et technique d'une préparation aux désastres (inéluctables !) bute toujours sur l'option d'une actualisation de l'action publique et de la planification qui prenne pleinement en compte la fabrique des risques sur le territoire. L'une et l'autre option répondent à des obligations différentes au regard de la gestion des risques, mais elles apparaissent fortement en concurrence parmi les choix stratégiques à opérer dans le pays, en même temps qu'elles traversent le secteur de la coopération. Ces options, et les oppositions qu'elles recouvrent, ne font pas encore l'objet d'un débat politique, au titre des enjeux qu'elles recouvrent bien au-delà de la seule gestion des risques.

Dans le domaine de la gestion des risques, l'État équatorien n'a pas nécessairement les moyens de sa revendication d'autonomie. Mais cet objectif affiché pèse sur les formes de coopération internationale. En outre, les fortes recompositions politico-institutionnelles jouent également sur l'élaboration et la mise en place du SNDGR. Il s'agit par exemple d'inertie institutionnelle, de rivalités politiques, ou encore de conceptions des risques diverses, qui s'accompagnent de logiques de gestion également différentes. C'est dans ce contexte difficile que la politique nationale de gestion des risques prend place dans le pays, faisant la démonstration de l'absolue nécessité de considérer des variables contextuelles pour en saisir les caractéristiques, les verrous et les atouts majeurs.

3. Coopération et décentralisation, conditionnements de la gestion des risques

Les transformations de l'État et la recomposition politico-institutionnelle à différentes échelles que vit le pays depuis 2008 présente des conséquences directes dans le domaine de la gestion des risques. Elles s'accompagnent d'un rôle déterminant de la coopération décentralisée auprès des gouvernements locaux nouvellement en charge de la gestion des risques. On relève alors une double tension dans la mise en place du SNDGR. L'une concerne les rapports entre échelles (nationale et locale), et l'autre, les conceptions de risques privilégiées, qui débouchent sur des initiatives prioritaires différentes.

3.1. La portée de la décentralisation pour la gestion des risques

La constitution de 2008 définit 24 provinces constituées de 221 municipes. La décentralisation consacre l'échelle des gouvernements locaux (provinciaux et municipaux) pour assumer certaines compétences de gestion des risques, mais aussi de planification et de contrôle de l'usage du sol. Dans ce sens, depuis février 2014, le règlement national de l'organisation territoriale décentralisée, le COOTAD, prévoit même la possibilité de destituer des maires de municipes qui auraient négligé les conditions de risques parmi les arbitrages d'usage du sol. La redistribution de compétences se double de l'attribution de responsabilités… mais pas nécessairement de ressources financières ou humaines.

De fait, il n'existe pas de loi de gestion des risques en Équateur. Nombre d'universitaires et de spécialistes de la question avancent qu'une loi permettrait pourtant de rassembler et de simplifier l'arsenal juridique existant pour mieux prendre en compte la gestion des risques dans la gestion du territoire. Mais le service juridique de la Présidence souligne que les outils légaux et règlementaires existants suffisent à assumer les nouvelles compétences pour les gouvernements locaux. En outre, l'adoption d'une loi spécifique obligerait à reconnaître la dévolution de nouvelles compétences, spécifiquement identifiées, et par conséquent le transfert de fonds additionnels leur correspondant du budget national aux budgets locaux.

Mais la tension entre échelles est également politique, entre un État central dominé par la figure de Rafael Correa, et des gouvernements locaux d'opposition à la tête des grandes villes du pays, et depuis les élections municipales de 2014, à la tête également de la capitale, Quito. La nature de la décentralisation, entre des pouvoirs publics nationaux qui se réaffirment, et des gouvernements locaux qui défendent et souhaitent approfondir leur autonomie, se joue également à travers le SNDGR. Par exemple, à Guayaquil, capitale économique du pays dirigée par un maire d'opposition au Président de la République, certaines initiatives de gestion des risques en lien avec l'OFDA (alors qu'elle pouvait encore opérer dans le pays) n'ont pas été validées par l'organisme national en charge du SNDGR (organisme lié à l'Exécutif national), du fait de l'absence préalable de notification auprès de la SETECI. Or, les accords de coopération sont une prérogative de l'État.

Dans ce contexte, c'est donc la coopération internationale qui pallie pour partie les défauts ou difficultés de mise en place du SNDGR, localement, mais aussi qui fait les frais du contexte politico-institutionnel du moment.

3.2. Une présence significative de la coopération à différentes échelles

Une enquête menée entre septembre 2014 et janvier 2015 sur la coopération des GAD municipaux a permis de mieux connaître le rôle joué pour ces derniers par la coopération internationale, mais aussi la nature de la coopération avec des organismes nationaux. Sur les 221 municipes contactés, 61 ont répondu à une série de questions divisées en 3 blocs. Le premier portait sur des caractéristiques générales du municipe, le second sur l'état institutionnel de la gestion des risques municipale, et le dernier sur les projets de gestion des risques et les partenaires de la coopération.

Des informations tirées de cet échantillon de près d'un quart des municipes du pays, on retrouve des indications sur le poids de la coopération auprès de gouvernements locaux en plein processus d'acquisition de compétences, alors qu'ils n'assument que depuis très récemment leurs nouvelles obligations constitutionnelles. Ainsi 30 % des municipes de l'échantillon ne comptent aucune initiative dans le domaine de la gestion des risques (ni initiative municipale, ni initiative en coopération). Signe de la faiblesse institutionnelle des échelons municipaux, il s'agit là de la même proportion que celle qu'a relevée le secrétariat national à la planification en 2013 lorsqu'il interrogeait les municipes sur la planification territoriale et l'usage du sol. Parmi les réponses de cette étude exploratoire, 30 % ne comptaient aucune initiative de planification (SENPLADES, 2013).

Des 61 réponses de l'enquête sur la gestion des risques municipale en coopération, 39 signalent l'existence de 76 projets en cours ou révolus depuis 2009. Ces projets pour lesquels on dispose de certaines informations constituent la base des remarques qui suivent. Les 76 projets déclarés sont pour l'essentiel en association avec des institutions publiques nationales (pour 48 d'entre eux). Il s'avère que les institutions publiques équatoriennes financent plus qu'elles n'exécutent les projets (c'est le cas pour le *Banco del Estado* par exemple).

En termes de type de coopération (concernant la conception des risques, ou la nature des initiatives de coopération), on relève une écrasante majorité d'interventions techniques et portant sur les infrastructures (largement financées par le secteur public). Les interventions structurelles et d'ingénierie concernent plus de la moitié des projets (39 sur 76), suivies par des initiatives d'éducation, de formation par ateliers et de sensibilisation (36 sur 76). Les acteurs de la coopération internationale s'illustrent plus largement dans des initiatives marquées par le *software* là où le *hardware* est laissé à la charge des organismes équatoriens. Le *hardware* domine aussi largement le budget global de ces projets de coopération (et concerne 95 % de l'ensemble).

Enfin, parmi les principaux obstacles à la mise en place d'une gestion locale des risques mentionnés par les GADM, on compte en premier lieu le manque de ressources économiques. Si le budget de nombre de petits municipes est presque entièrement constitué par la dotation financière constitutionnelle tirée du budget national, on comprend les faibles marges de manœuvre, d'autant plus lorsque l'essentiel des initiatives concernent des activités dispendieuses (en lien avec le *hardware*). Par ailleurs, certains GADM mentionnent que la coopération internationale est appréciée dans la mesure où elle pose moins d'exigences administratives que les institutions nationales qui attribuent les fonds, et où elle s'avère plus attentive aux problématiques locales.

Mais il est vrai que si les pouvoirs publics nationaux doivent répondre aux obligations d'un SNDGR, la coopération internationale intervient de façon plus ponctuelle, dans certaines situations et pour certains territoires.

3.3. Une double tension liée aux échelles, politique et sectorielle

Le processus de décentralisation est une occasion pour des rivalités politiques de s'exercer entre différentes échelles, portées par différents secteurs en conflits. L'animosité peut donc se jouer à travers les territoires et municipes prioritaires à aider, les types de partenaires à solliciter au sein de la coopération internationale, ou la conception des risques et de leur gestion à privilégier.

Mais outre des rivalités politiques qui rejouent entre échelles locales et nationales, une autre tension dans la mise en place du SNDGR concerne le type de coopération, de partenariat et de gestion des risques soutenu par le SGR, l'organisme en charge de la politique nationale. De fait, le SGR a perdu un rang ministériel qui lui permettait de pousser en pratique une politique publique, dans toutes les provinces du pays, par une présence rapprochée auprès des gouvernements locaux. Mais le type de gestion des risques à promouvoir dans le SNDGR ne s'impose ni parmi la coopération internationale (dont l'offre se révèle très hétérogène), ni même au sein des pouvoirs publics équatoriens. La question – politique – n'est pas tranchée entre améliorer la réponse et préparer la crise d'une part, et penser le développement territorial et la prévention par la planification d'autre part (Rebotier, 2016).

Ainsi, le lien entre la gestion des risques et le développement territorial ou les questions de justice et de société, largement nourri par la réflexion académique (et notamment latino-américaine), passe en arrière-plan de rivalités politiques ou d'opportunités de coopération (des échelles locales à l'échelle nationale). Enfin, le SNDGR est subordonné à une tension qui dépasse largement le secteur spécifique de la gestion des risques, et qui concerne l'ensemble de l'État équatorien, en cours de recomposition : la tension difficile à tenir entre autonomie et dépendance.

Conclusion

Malgré les ambitions affichées d'autonomie et de souveraineté de l'État à l'occasion de la Révolution citoyenne, il reste difficile pour l'Équateur de se passer de la coopération internationale dans la mise en place du SNDGR. On constate des difficultés à la mise en place d'une vision et d'une pratique de la gestion des risques de trois ordres au moins. Les obstacles relèvent de manque de compétences (institutionnelles et individuelles) en plein processus de décentralisation et d'inégales capacités de financement ; de la recomposition des pouvoirs publics qui fait rejouer les rivalités politiques à différentes échelles ; et enfin de l'absence de consensus au sein même de l'État et de l'organisme national en charge de la politique de risque autour de ce que doivent être les grandes orientations stratégiques du SNDGR.

Ainsi, si le contexte politico-institutionnel équatorien aide à mieux comprendre les tensions dont la politique nationale de gestion des risques fait l'objet (la tension central – local, ou autonomie – dépendance), il ne doit pas masquer la portée politique des options à promouvoir dans la gestion des risques : une entrée plus libérale, qui parie sur la grande échelle, sur les individus, les communautés et le renforcement de leurs capacités ; ou une entrée plus collective de la production des vulnérabilités, qui passe par la compréhension d'une construction socio-historique et par la transformation des institutions.

Dans le sens de ce dilemme politique, la coopération internationale n'apporte pas de solution particulière. Elle ne permet pas non plus de massifier une politique nationale de risque, ce qui constitue une obligation du SGR. Entre la poursuite d'une culture de la généralité et la reconnaissance des particularismes, l'État est à la fois porteur d'obstacles et d'opportunités. En effet, d'une part, la réaffirmation de l'État, la recomposition institutionnelle et le fort volontarisme sont des obstacles à l'établissement du SNDGR aux échelons locaux. Il se joue autre chose à travers la coopération sur les risques qui entrave en pratique la gestion des risques (manifeste dans les processus de décentralisation). Mais d'autre part, la réaffirmation de l'État a dans le même temps rendu possible l'impulsion d'un SNDGR qui, malgré tout, permet l'existence d'une politique nationale de gestion des risques tournée, du moins pour partie, vers le développement territorial et la planification.

Ainsi, les tensions politico-institutionnelles et celles portant sur le contenu des politiques de risque sont étroitement mêlées. La nature de la gestion des risques et des efforts à fournir doit s'inscrire dans des considérations politico-institutionnelles plus larges, sur la production des risques mais aussi sur les dynamiques sociales et territoriales auxquelles la gestion se conjugue. Sans cette montée en généralité, on se contente de réponses techniques et instrumentales (« comment faire les choses correctement ? ») et l'on élude les questions plus politiques portant sur le contenu et la portée des politiques de gestion (« quelles sont les bonnes choses à faire, pourquoi et pour qui ? »).

BIBLIOGRAPHIE

García-Acosta V., 2005, « El riesgo como construcción social y la construcción social de riesgos », *Desacatos*, 19, pp. 11-24.

Lavell A., 2006, *Apuntes para una reflexión institucional en países de la subregión andina sobre el enfoque de la gestión de riesgos*, Lima, CAF-PREDECAN.

Lavell A., 1996, « Degradación ambiental, riesgo y desastre urbano. Problemas y conceptos : hacia la definición de una agenda de investigación », *in* Fernández M.A. (Éd.), *Ciudades en riesgo*, Bogotá, LA RED - USAID.

López-Peláez J., Pigeon P., 2011, « Co-Evolution Between Structural Mitigation Measures and Urbanization in France and Colombia : A Comparative Analysis of Disaster Risk Management Policies Based on Disaster Databases », *Habitat International*, 35, pp. 573-581.

Maskrey A., 1993, *Los desastres no son naturales*, Lima, LA RED.

Ramírez Gallegos F., 2010, « Post-neoliberalismo indócil. Agenda pública y relaciones socio-estatales en el Ecuador de la revolución ciudadana », *Temas y debates*, 20, pp. 175-194.

Rebotier J., 2016, « Politiques de gestion des risques en Équateur. Entre coopération internationale et réaffirmation de l'État », *Autrepart 2015 2/3*, 74-75, pp. 279-295.

Rebotier J., 2016, *El riesgo y su gestión en Ecuador. Una mirada de geografía social y política*, Quito, PUCE.

SENPLADES, 2013, « Situación actual de la planificación de desarrollo y ordenamiento territorial », Quito, Comunicación interna.

Uharte Pozas L.-M., 2013, « Ecuador Siglo XXI : una nueva narrativa democrática », *Nómadas. Revista crítica de ciencias sociales y jurídicas*, número especial América Latina, http://dx.doi.org/10.5209/rev_NOMA.2013.42355, consulté en ligne le 5 décembre 2016.

Liste des auteurs

Gaëlle Clavandier est sociologue et anthropologue, maître de conférences en sociologie à l'Université de Lyon (site Université Jean Monet, Saint-Etienne) et membre du Centre Max Weber (UMR 5283). Ses travaux portent sur les évolutions du rapport à la mort, et tout particulièrement sur le statut et le devenir des corps, fragments et fœtus. Elle est l'auteur de *La mort collective. Pour une sociologie des catastrophes* (2004) et *Sociologie de la mort. Vivre et mourir dans la société contemporaine* (2009). Email : gaelle.clavandier@univ-st-etienne.fr

Alice Corbet est docteure en anthropologie de l'EHESS. Chercheur au CNRS dans la section « Espaces, territoires et sociétés », elle est intégrée au laboratoire LAM « Les Afriques dans le Monde » et au CFEE « Centre français d'études éthiopiennes ». Elle travaille sur la question des camps et des installations informelles, de leur habitat par des réfugiés et des déplacés, et de l'intervention humanitaire à travers le monde (Camps sahraouis, haïtiens et éthiopiens). Email : a.corbet@sciencespobordeaux.fr

Danièle Dehouve est directrice de recherche émérite au Centre national de la recherche scientifique (Paris Ouest Nanterre) et directrice d'études émérite à l'École pratique des hautes études. Anthropologue et ethnohistorienne, elle étudie depuis 1967 les communautés indiennes de l'État de Guerrero, au Mexique, sur lesquelles elle a mené des recherches en histoire régionale et en anthropologie sociale, politique et religieuse. Parmi ses livres : « La géopolitique des Indiens du Mexique. Du local au global » (2003),

« Essai sur la royauté sacrée en république mexicaine » (2006) et « L'imaginaire des nombres chez les anciens Mexicains » (2011). Voir www.danieledehouve.com

Manuela Fernández possède un master en Géographie, mention « études urbaines », et est docteure en Environnement, les deux de l'Université de Lausanne Elle mène ses recherches sur les modalités de gestion des risques en Amérique latine. Elle s'intéresse également à la confrontation des savoirs et à la tension qui peut exister entre les différentes approches du risque. En effet, en termes de gouvernance, elle évalue d'autres modes d'interprétation, de traitement et d'intervention qui peuvent aider à améliorer les méthodes d'évaluation et de gestion des risques. Email : manuelafernandezirujo@gmail.com

Virginia García-Acosta est anthropologue et historienne. Chercheuse attachée au CIESAS (Centre de recherches et hautes études en anthropologie sociale) à Mexico. Ses champs de recherche se situent en anthropologie et en histoire des catastrophes et de l'alimentation. Elle a publié, en tant qu'auteure et coordinatrice, vingt-quatre livres et une centaine d'articles et de chapitres d'ouvrages au Mexique et à l'étranger. Elle est membre en titre de l'Académie mexicaine d'histoire, de l'Académie mexicaine des sciences et du système national des chercheurs. De 2004 à 2014 elle a été Directrice générale du CIESAS. Email : vgarciaa@ciesas.edu.mx

Giovanni Gugg est docteur en anthropologie culturelle à l'Université de Naples « L'Orientale ». Il est, depuis 2015, chargé du cours d'anthropologie urbaine au Département d'ingénierie de construction de l'Université de Naples « Federico II ». Depuis 2014, il est chercheur associé au Laboratoire d'anthropologie et psychologie cognitives et sociales de l'Université Nice Sophia Antipolis. Ses recherches portent sur la relation des communautés humaines avec leur environnement et, notamment, avec un territoire à risque. Email : giovanni.gugg@gmail.com

Battista Matasci est docteur en sciences de la Terre de l'Université de Lausanne. Ses travaux de recherche concernent la géologie structurale et la géomécanique appliquées à l'étude des instabilités de versant et des dangers naturels. Email : battista.matasci@gmail.com

Alain Musset est géographe, directeur d'études à l'EHESS où il dirige la formation doctorale Territoires, Sociétés, Développement. Ses recherches portent sur les villes et les sociétés urbaines en Amérique latine dans une perspective culturelle, historique et sociale. Dans le domaine des risques, des vulnérabilités et de l'histoire environnementale, il a travaillé sur le drainage des lacs de Mexico (*De l'eau vive à l'eau morte. Enjeux techniques et culturels dans la vallée de Mexico*, 1992) et sur les déplacements de ville dans l'empire espagnol (*Ciudades nómadas del nuevo mundo*, 2011). Email : alain.musset@ehess.fr

Patrick Pigeon est professeur de géographie à l'Université de Savoie. Il a participé à une dizaine de programmes de recherche internationaux sur la prévention des désastres concernant plusieurs pays européens (FP6 et FP7), d'Amérique latine (ECHO), d'Afrique (AVCOR), le Sri Lanka (ASIA Pro-Eco). Il a piloté le programme interdisciplinaire sur les risques au CNRS entre 2005 et 2009. A publié plusieurs livres sur les relations entre prévention des désastres et urbanisation, ou sur les politiques de prévention des désastres, le dernier étant : Disaster Prevention Policies. A Challenging and Critical Outlook (2016), avec Julien Rebotier. Email : patrick.pigeon@univ-savoie.fr

Béatrice Quenault est maître de conférences en économie et chargée de mission sur le développement durable à l'Université Rennes 2. Ses recherches, menées au sein du laboratoire ESO (« Espace et sociétés », UMR 6590), dans un équipe pluridisciplinaire qui regroupe principalement des géographes et aménageurs, portent sur l'aménagement durable des territoires et questionnent les concepts de vulnérabilité, résilience et adaptation des territoires urbanisés au changement climatique. Email : beatrice.quenault@univ-rennes2.fr

Julien Rebotier est chargé de recherche en géographie au Centre national de la recherche scientifique au laboratoire LISST-CIEU, Université de Toulouse Jean-Jaurès. Il a été détaché à l'IRD et affecté à Quito en 2014-2015. Il développe des recherches sur les risques, les politiques de prévention, et l'urbain en France, mais pour l'essentiel en Amérique latine depuis 2006 (notamment au Venezuela). Ses travaux de géographie sociale et politique du risque et de l'environnement abordent les grands défis environnementaux dans une perspective radicalement ancrée dans les sciences humaines et sociales. Email : julien.rebotier@cnrs.fr

Jérémy Robert est chercheur de l'Institut français d'études andines (IFEA) à Lima, Pérou, et chercheur associé à l'UMR ESO de l'Université du Maine. Docteur en géographie de l'Université de Grenoble en 2012, il a d'abord travaillé sur les risques urbains et la gestion de crise, en particulier à Lima, pour ensuite orienter ses recherches sur la gouvernance des services urbains dans les villes andines. Il est actuellement responsable de l'axe de recherche de l'IFEA « Métropoles et dynamiques territoriales – Environnement et risques » de l'IFEA. Email : robert.jeremy2013@gmail.com

Table des matières

Partie II

La catastrophe entre récit et ressenti

Partie III

L'interdisciplinarité à l'épreuve du terrain